FACULTÉ DE DROIT DE PARIS

DROIT ROMAIN

DU POSTLIMINIUM

DROIT FRANÇAIS

DU RÉGIME LÉGAL

DES

EAUX MINÉRALES OU THERMALES NATURELLES

THÈSE POUR LE DOCTORAT

PAR

Léon DE BENAZÉ

AVOCAT A LA COUR D'APPEL

PARIS

A. GIARD & E. BRIÈRE

Libraires-Éditeurs

16, RUE SOUFFLOT, 16

1893

DROIT ROMAIN
DU POSTLIMINIUM

DROIT FRANÇAIS
DU RÉGIME LÉGAL
DES
EAUX MINÉRALES OU THERMALES NATURELLES

THÈSE POUR LE DOCTORAT

L'acte public sur les matières ci-dessus
SERA SOUTENU LE JEUDI 18 MAI 1893, A 8 HEURES 1/2

PAR

Léon DE BENAZÉ
AVOCAT A LA COUR D'APPEL

Président : M. JOBBÉ-DUVAL, *professeur.*
Suffragants : MM. CHAVEGRIN, MASSIGLI, *professeurs.* WEISS, *agrégé.*

PARIS
A. GIARD & E. BRIÈRE
Libraires-Éditeurs
16, RUE SOUFFLOT, 16

1893

La Faculté n'entend donner aucune approbation ni improbation aux opinions émises dans les thèses; ces opinions doivent être considérées comme propres à leurs auteurs.

MEIS ET AMICIS

THÈSE

DE DROIT ROMAIN

DROIT ROMAIN

DU POSTLIMINIUM

Le droit des gens ne tire plus aujourd'hui ses maximes des textes du droit romain chers à Grotius. Le droit privé ne consiste pas davantage à notre époque dans l'application directe des lois romaines, mais il en est inspiré et ses principes fondamentaux sont tirés des Institutes, du Digeste et du Code ; c'est ce qui rend encore si fructueuse pour nous l'étude de la législation romaine.

La théorie du « *Postliminium* » entre autres reste donc intéressante à approfondir. Si elle ne peut avoir aucune application au droit public, si elle ne fournit que de rares matériaux à notre législation civile, il est vrai de dire qu'elle repose sur des notions qui sont de tous les temps et de tous les pays.

La situation faite au prisonnier de guerre, soit pendant sa captivité, soit à son retour dans sa patrie, était réglée à Rome par la théorie du « *Postliminium,* » et cette théorie s'appuie elle-même sur trois états juridiques : l'indé-

cision, la suspension et la rétroactivité. Sans doute au
début nous aurous à exposer sur la captivité quelques
idées générales qui rentrent dans le droit public. Mais le
fond de cette étude repose surtout sur les trois notions de
droit privé que nous venons d'indiquer, et qui ont encore
de nos jours une importance certaine pour plusieurs autres
points du droit.

C'est là sans doute, outre l'intérêt que peut avoir le
droit romain pour des jurisconsultes d'un pays où il est
resté comme droit supplétif, ce qui a tenté certains auteurs
allemands qui ont écrit récemment sur le « Postliminium. » Nous ne voulons pour le moment que citer le
Ds Auguste Bechmann, qui a fait paraître en 1872 un
traité du *Postliminium et de la loi Cornelia* (1) ; cette
monographie contient un grand nombre d'idées nouvelles
et personnelles ; quoique moins complète que le travail
plus ancien du Ds Hase (2), et empreinte d'un esprit quelque peu systématique, elle nous a paru avoir émis sur la
solution historique de cette étude des idées ingénieuses ;
nous aurons souvent à voir si nous devons les adopter.

Disons avant de commencer que la matière du « Postliminium », à peine effleurée dans les Institutes de Gaïus
et de Justinien est l'objet d'un titre entier au Digeste
(Livre XLIX. T. 15 : *De captivis et de postliminio et redemptis ab hostibus*) et d'un autre titre encore au Code (Livre
VIII. T. 51 : *De postliminio reversis et redemptis ab hostibus*).

Ce seront là nos principales sources.

1. *Das jus Postliminii und die Lex Cornelia* (Erlangen, 1872)
2. *Das jus Postliminii und die fictio legis Corneliæ* (Halle-1851).

CHAPITRE PREMIER

DU CITOYEN ROMAIN. — DE LA CAPTIVITÉ.

I. — Tout romain avait ce que nous appelons un état civil, un *status*, qui comprenait trois éléments distincts, la liberté, le droit de cité, le droit de famille : *libertas, civitas, familia.*

La *libertas* d'abord : « *Omnes homini aut liberi sunt aut servi,* » dit Justinien (Inst. I. 3 pr.). C'est là en effet la distinction fondamentale des personnes qui composent les sociétés primitives. La liberté est cependant l'exception, l'esclavage la règle. Celui-ci est si profondément implanté chez tous les peuples anciens que l'on ne conçoit guère une nation sans esclaves. L'esclavage est à Rome d'autant plus en honneur que l'esclave n'est pas une personne mais une *res*, et traité comme telle. Pendant toute l'histoire du peuple romain, aucun cri ne s'élève, aucune plainte, contre cet état de choses ; seul Sénèque avant

Justinien, ose le blâmer ; mais ce n'est que dans les Institutes que l'on trouve pour la première fois chez un jurisconsulte une restriction humanitaire apportée à cette
institution : « *Servitus est constitutio juris gentium, qua quis
domino alieno contra naturam subjicitur.* »

La *civitas* ensuite. Les hommes libres seuls jouissent
de la *civitas*.

Si l'on voulait avoir une idée complète du droit de cité
romaine, il faudrait l'envisager à quatre points de vue
différents et rechercher quels étaient à Rome les modes
d'acquérir la qualité de citoyen romain, quels étaient les
avantages que conférait cette qualité, par quels signes
extérieurs on reconnaissait un citoyen romain, comment
enfin se perdait la *civitas*. Qu'il nous suffise de montrer en
quelques mots l'importance qu'avait à Rome le titre si envié
de citoyen romain et le prix que chacun attachait à sa
conservation.

Dans la Rome primitive, comme d'ailleurs dans toutes
les nations de l'antiquité, le nombre des citoyens était fort
restreint ; ici encore les *non cives* étaient la règle et les
cives l'exception : Rome ne voulait pas, de même que
Sparte, Athènes ou Carthage, que sa souveraineté fût
transportée hors de son *forum*, et hors de sa curie. Vic-
torieuse, elle laissait aux vaincus leurs coutumes, leurs
lois, leur religion ; il n'y avait au-delà de l'ancienne
muraille bâtie par Romulus que des terres conquises, des
sujets, non des citoyens. Cet état de choses se modifia peu
à peu. A la suite d'une politique étrangère remarquable
et habile, Rome ouvrit ses portes toutes grandes et con-
féra le droit de cité à un nombre de plus en plus con-

sidérable de personnes si bien que son œuvre se termina par la constitution de Caracalla qui accorda la *civitas* à presque tous les sujets de l'empire.

Si l'on se place à l'époque où Rome était dans sa gloire et tenait encore à conserver strictement toutes ses coutumes anciennes, on ne s'étonnera pas du soin jaloux avec lequel les romains recherchaient la *civitas*, quand on examine rapidement les avantages qu'elle leur conférait et l'infériorité où sa perte les plaçait. Ils étaient tels qu'en envisageant l'organisation politique et sociale de Rome à la fin de la République et pendant les deux premiers siècles de l'Empire jusqu'à Dioclétien, on peut considérer l'ensemble des citoyens romains comme formant une aristocratie par laquelle était gouverné l'*orbis romanus*.

Dans la sphère du droit privé, la *civitas romana* conférait le *connubium* ou droit de contracter un mariage valable d'après le *jus quiritium*, des *justiæ nuptiæ*, et de jouir de tous les avantages légaux qui en découlaient; le *commercium* ou droit de s'obliger, de figurer valablement dans un contrat solennel, de tester, etc. ; enfin le droit de *legem agere* au droit de mettre la loi en action, de faire valoir ses droits en justice. Dans la sphère des droits publics la *civitas* conférait des droits plus nombreux encore. Qu'il nous suffise de signaler le *jus suffragii* ou droit de figurer dans les comices, le *jus honorum* ou droit d'exercer certaines magistratures la *provocatio ad populum*, ou droit de provoquer l'*intercessio* du magistrat, le droit de s'exiler pour échapper à une condamnation imminente, certains droits enfin qui sont en même temps des charges, le *jus sacrorum*, le *jus militiæ*, le *jus censendi*. Ces exemples suffiront à montrer combien devait être recherchée la qualité de citoyen de Rome et à faire comprendre à quel point celle-ci était estimée de ceux qui en étaient privés.

Quant au *status familiæ*, le troisième élément de la capacité juridique du romain, il comprend l'ensemble des droits de famille. C'est de lui que découle en effet la division des personnes en *sui juris* et en *alieni juris* et avec elle la toute puissance du *paterfamilias ;* seul *sui juris*, de lui dépendent tous les autres membres de la famille. À la *familia* se rattachent encore la tutelle et la curatelle et tout le système successoral. En un mot, la famille avec son culte, ses institutions, son organisation fortement comprise, forme en quelque sorte un Etat dans l'Etat, où, comme pour la *civitas*, on n'est admis et d'où l'on ne sort que difficilement d'après certaines règles reposant sur une base solide et inviolable.

Telles étaient les diverses manifestations sous lesquelles se présentait le *status* ou *caput* du romain ; leur ensemble formait l'*existimatio* du citoyen et celui qui les possédait au complet avait une *existimatio plena*. L'*existimatio* était rarement entière ; le plus souvent, du moins par rapport à la *familia*, l'un des éléments fait défaut, et tout changement dans le *status* est une *capitis deminutio*. Celle-ci varie en intensité suivant que la perte éprouvée se rapporte à la *libertas*, à la *civitas* ou à la *familia*. La *capitis deminutio minima* est provoquée par toute modification dans la famille ; la personne qui en est l'objet ne perd ni la *civitas* ni la *libertas*. La *capitis deminutio media* est la conséquence de la perte de la *civitas;* elle entraîne nécessairement celle de la *familia;* la personne reste libre. Enfin la *capitis deminutio maxima* est encourue toutes les fois où un citoyen perd la liberté ; l'individu perd du même coup le *status familiæ* et le *status libertatis.* C'est une véritable déchéance.

Mais dans quels cas l'un de ces évènements se produit-il ? L'*existimatio* du citoyen est amoindrie quand il est déclaré *improbus intestabilisque,* quand il est déclaré *turpis* ou quand il est noté d'infamie. Il perd au contraire complètement sa qualité de citoyen romain quand il est livré aux ennemis, soit pour avoir frappé ou injurié leur ambassadeur, soit pour avoir conclu sans pouvoir un traité honteux pour Rome ; quand il devient esclave *jure civili ;* quand il encourt une condamnation devenue définitive, comme l'interdiction de l'eau et du feu, la déportation, les travaux publics perpétuels.

Mais il est une cause que nous avons laissée de côté à dessein, c'est le cas où le citoyen romain devient esclave *jure gentium,* en tombant au pouvoir de l'ennemi ; la captivité est-elle une cause définitive de déchéance du titre de citoyen romain ? Fait-elle à jamais perdre à celui qui en est la victime l'ensemble de son *caput?* quelle part en recouvre-t-il quand il est rendu à sa patrie? C'est justement à ces questions que doit répondre cette étude.

II. — Qu'est-ce donc que la captivité au sens juridique du mot ?

Si on remonte aux premières guerres de l'antiquité, on voit que l'adversaire vaincu était massacré par le vainqueur. Mais bientôt la mort fut remplacée par la servitude, et, phénomène curieux, celle-ci apparaît alors comme un heureux progrès humanitaire. Rome admit de bonne heure le principe que les prisonniers de guerre peuvent être réduits en servitude ; mais, rigoureuse en ses principes, elle n'a jamais voulu voir dans ses soldats que des soldats vainqueurs, pour lesquels la mort devait être préférable à la honte de la défaite ; forcée par le droit naturel d'accepter pour eux la servitude, elle leur fait un sort très dur, souvent moins enviable que la mort elle-même.

L'esclavage fondé sur la captivité de guerre est une règle du droit des gens : « *Servi fiunt jure gentium, id est ex captivitate* », dit Justinien (Inst. I, t. 3, § 4). Le captif est tout individu fait prisonnier, que ce soit un romain pris par l'ennemi ou un adversaire pris par les Romains ; la réciproque était de droit ; mais tout prisonnier de guerre n'était pas captif.

Pour le peuple romain, il n'y avait de guerre légitime que celle qui avait été déclarée régulièrement et qui avait lieu de nation à nation : seuls étaient captifs les prisonniers faits dans ces guerres. La guerre est donc légitime, *justum bellum*, quand elle est déclarée avec toute la solennité d'usage : le formalisme romain se trouve avec toute sa rigueur dans le droit public comme dans le droit privé. Tite-Live donne à ce sujet de curieux renseignements : un fécial était chargé d'accomplir certaines formalités sacramentelles ; il devait prononcer des paroles solennelles et lancer enfin un javelot sur le sol ennemi (1).

1. Tite-Live, I, § 32.

Dans la suite ces formes se simplifièrent : le fécial, au lieu de se rendre sur la frontière ennemie, lançait le javelot dans un champ réservé à cet effet auprès du temple de Bellone.

En second lieu, la guerre doit être faite de nation à nation. Il en est ainsi quand Rome se bat avec un *hostis*. A l'origine le mot *hostis* signifie « *égal ;* » Rome reconnaissait alors l'égalité des diverses nations et leur droit à l'indépendance ; mais, quand Rome voulut donner libre cours à toutes ses ambitions, le mot *hostis* remplaça le mot *perduellis ;* c'est ce que dit Gaïus (L. 234, Dig. L. t. 16).

Seul donc est captif celui qui est fait prisonnier dans une guerre solennellement déclarée et dirigée contre un *hostis*, et inversement l'*hostis* fait prisonnier par Rome. Il en résulte que la captivité provenant du vol, du brigandage, de la piraterie, d'une guerre civile, n'entraîne pas la servitude : « *a piratis aut latronibus capti, liberi permanent* » dit Paul (l. 19, § 2, D. XLIX, t. 15). Toutefois par exception est captif tout romain fait prisonnier par les barbares; ceux-ci en effet étaient réputés être toujours en guerre ouverte avec Rome et les deux conditions que l'on vient d'indiquer n'étaient pas nécessaires.

Reste une dernière catégorie de captifs; ce sont les sujets des nations avec lesquelles Rome n'a aucun traité d'alliance ni aucun rapport d'amitié ; ces sujets peuvent tomber en servitude, même en temps de paix ; mais ce cas de captivité légitime est exceptionnel et il est inutile d'y insister.

Une fois captif, que devenait le citoyen romain? Les

Romains ne mettaient pas sur la même ligne la captivité et l'absence; ils considéraient le citoyen pris en guerre comme un esclave et par suite comme exclu du nombre des citoyens. Le captif était esclave de l'ennemi : *servus hostium.* Il devenait la propriété du vainqueur qui en pouvait disposer à son gré; il devenait une *res* et comme tel perdait tout *caput,* tout *status :* mais il ne suffit pas de dire qu'il était désormais une *res;* il devenait une *res mancipi,* c'est dire qu'il était l'objet du droit de propriété le plus entier; sa personne et ses biens passaient à son nouveau maître. Une pareille théorie entraînait avec elle d'importantes conséquences pratiques.

C'est ainsi que le citoyen, fait prisonnier et captif, ne peut, d'après le pur droit romain, vivre en mariage légitime; son mariage ne sera plus valable d'après le *jus quiritium.* C'est ce que dit Tryphoninus : « *Sed captivi uxor, tametsi maxime velit, et in domo ejus sit, non tamen in matrimonio est* » (L. 12, § 4, Dig. XLIX, t. 15). Il en résulte que les enfants nés pendant le temps de la captivité sont illégitimes. Le captif perd avec la liberté la puissance paternelle. Il perd du même coup tous les droits dont il jouissait auparavant. Il ne peut disposer par testament, car il n'a plus de *testamenti factio;* et le testament qu'il aurait fait devient *irritum.* Il devient incapable de tout acte juridique, soit *juris civilis,* soit *juris gentium;* il ne peut acquérir une possession ou continuer une possession commencée. En un mot, il encourt la *capitis deminutio maxima* dans toute sa rigueur.

III. — On le voit, le captif perdait non seulement sa personnalité, mais tous ses droits; il était en quelque

sorte rayé du nombre des humains. De pareils résultats étaient contraires à la morale publique. Les Romains
s'en aperçurent de bonne heure et n'hésitèrent pas dans
certaines circonstances à faire fléchir le principe avec ses
conséquences. Mis en présence d'un citoyen romain pris
par l'ennemi, devenu esclave *jure gentium* et qui revient à
Rome, ils se sont demandé quelle serait vis-à-vis de sa
patrie sa position à son retour ; restera-t-il esclave ?
recouvrera-t-il la liberté? Peu importe d'ailleurs la cause
de son retour : il s'est évadé ou a obtenu la liberté. L'application rigoureuse du principe conduirait à la solution
suivante : en qualité de *res* et même de *res nullius*, il
deviendrait la propriété du premier romain qui s'en
emparerait ; la théorie de l'occupation trouverait ici sa
place ; également les choses romaines reprises sur
l'ennemi auraient appartenu à celui qui le premier s'en
serait rendu maître.

Cette conséquence eut été logique sans contredit ; mais
elle eût été excessive, et d'autant plus qu'elle frappait
un homme qui avait perdu la liberté pour le salut de
Rome.

Aussi une exception fut-elle apportée à la règle: le
romain pris par l'ennemi était esclave de fait et considéré comme tel par sa patrie elle-même tant qu'il était dans
des mains étrangères; mais il n'est esclave que sous la
condition résolutoire de son retour en quelque sorte. Revient-il, il est considéré comme n'ayant jamais été absent ;
il recouvre tous ses droits qui ont été suspendus, non
rompus : « *omnia jura civitatis in personam ejus in suspenso retinentur non abrumpuntur,* » comme le dit fort

bien Gaïus (l. 32, § 1 Dig. XXVIII, t. 5); c'est là le fait même de l'institution du *postliminium* et de la fiction sur laquelle il repose. Autrement dit, les conséquences juridiques de la captivité ne durent qu'autant que le fait matériel continue d'exister; c'est pourquoi la reprise effective de la liberté rétablit aussi la liberté au sens juridique du mot.

On pourrait peut-être rapprocher par analogie cet état de choses de la condition faite aux animaux sauvages. Leur possession est fondée selon le *jus gentium* sur l'occupation, c'est-à-dire sur la privation de leur liberté naturelle; elle ne dure qu'autant que dure le fait matériel sur lequel elle repose et elle se perd aussitôt que l'animal reprend sa liberté primitive.

Mais pour le prisonnier la remise en liberté ne suffit pas à elle seule pour le replacer dans sa situation première; il faut en plus diverses conditions que nous aurons à étudier. Lorsqu'elles sont toutes remplies, la cessation effective de la captivité n'agit pas seulement négativement en mettant fin à l'esclavage, mais aussi positivement en rétablissant le prisonnier rapatrié dans un rapport juridique avec son peuple; Bechmann le fait remarquer très justement. C'est précisément ce côté positif du retour du prisonnier que désigne le mot « *Postliminium.* »

Telle est la situation du captif lui-même pendant son séjour sur le sol ennemi; telle est l'exception qui fut apportée à son sort après son retour. Quant à ceux qui étaient sous sa puissance lors de son entrée en captivité et qui sont demeurés à Rome, leur état reste en suspens tant que leur *paterfamilias* n'est pas rendu à la liberté ou n'est pas mort. Prenons un exemple : au moment où il a été emmené par l'ennemi le captif avait un *filiusfamilias*. Quelle sera la condition de ce dernier pendant l'absence du chef de famille? demeure-t-il en puissance et *alieni juris?* devient-il au contraire *paterfamilias* et *sui juris?* Tout dépend de l'avenir. Le prisonnier revient-il, son fils est censé être resté en puissance, et, cela, comme nous le verrons, en vertu de la fiction du *jus postliminii.* Meurt-il au contraire chez l'ennemi, son fils est devenu *sui juris ;* mais à quel moment? lors de l'entrée en captivité, ou lors du décès? Il semble que la logique eut répondu lors du décès, car jusqu'à cet évènement il est en puissance en vertu du *postliminium ;* mais une semblable solution eût amené à des conséquences désastreuses. Apparaît alors dans le droit romain une deuxième fiction créée par la *Lex Cornelia,* et qui décide que le fils de famille est réputé *sui juris* dès l'instant où a commencé la captivité de son *paterfamilias ;* d'une façon plus générale elle fait remonter à cette époque *rétroactivement* la mort du *pater familias* et tout se passe dans la *familia,* comme s'il avait été tué par l'ennemi au lieu d'avoir été fait prisonnier.

Telles sont les deux fictions que la nécessité des choses obligea à créer. Nous nous proposons de borner notre étude à l'une d'elles, à la fiction qui résulte du *postliminium,* la *Lex Cornelia* ayant été à elle seule l'objet tout récemment d'un travail approfondi (1).

1. Thèse de M. Peuvergne. Paris, 1892.

Nous devrons donc nous placer pendant tout le cours de nos explications en face de l'hypothèse suivante : un citoyen romain a été fait prisonnier par l'ennemi, et il revient à Rome.

CHAPITRE II

GÉNÉRALITÉS SUR LE « POSTLIMINIUM. »

Sommaire I. — Définition du « postliminium ». — II. — Ses origines. *Jus civile* ou *jus gentium*. Controverse entre les auteurs principaux qui ont écrit sur ce sujet.— III.—Etymologies diverses du mot : « postliminium ». La plus vraisemblable.— IV. —Nature du « postliminium » Est-ce bien une fiction sur laquelle il repose ? En a-t-il été ainsi à toutes les époques du droit romain ? Théories reçues jusqu'à ces derniers temps. Théorie plus récente du Dr Bechmann. — V. — Etendue du postliminium. Son application aux personnes et aux choses. Des *res postliminii*.

I. — Peut-être est-il un peu présomptueux de donner dès le début une définition du *postliminium,* étant admis qu'il est subordonné à de nombreuses conditions que l'on ne peut guère comprendre toutes dans une formule. Disons seulement pour avoir un point de départ exact que le *postliminium* est une fiction grâce à laquelle on considère comme non avenu tout le temps de la captivité et par laquelle on est amené à rendre au captif de retour la jouissance de tout ou partie de ses droits.

II. — Il est probable que cette institution est fort ancienne. Modestin dans la loi 4 au Digeste XLIX, t. 15, dit en effet : « *Eos qui ab hostibus capiuntur, vel hostibus*

« *deduntur, jure postliminii reverti antiquitus placuit.* » De
ce passage faut-il conclure, comme serait disposé à le
faire Hase, qu'elle est aussi ancienne que Rome elle-
même ? Ce serait, croyons-nous, une pure hypothèse; le
vieux droit italique n'admettait que des idées simples et
on comprendrait assez mal qu'il eût pu concevoir une
théorie qu' est en elle-même trop compliquée pour une
législation encore informe.

Le *postliminium* est-il au moins le résultat du *jus gentium?* Ici encore même doute. Paul dans la loi 19, *princ.
hoc tit.* dit bien : « *Naturali œquitate introductum est* »,
ce qui semble bien signifier que le *postliminium* n'est pas
une création particulière au seul peuple romain, mais une
création du *jus gentium* fondée sur l'équité naturelle.
Toutefois nos anciens auteurs étaient loin de s'entendre
sur la question. Ramos del Manzano l'attribue au droit
civil ; Accurse (1) et Cujas soutiennent que le *postliminium* est venu uniquement du *jus gentium;* Grotius (2)
et Bartole (3) sont d'un avis intermédiaire.

Pour ces derniers auteurs il faudrait distinguer deux
périodes différentes dans le développement historique de
cette institution : dans le principe le *postliminium* aurait
été du *jus gentium* et il n'avait qu'un seul effet : faire
recouvrer la liberté au captif qui revenait à Rome; ce ne
serait que plus tard et sous l'influence du *jus civile* qu'il

1. Accurse, *Comment. Digest. not.*, t. 3, col. 1650 suiv. (Corpus
juris 1627).

2. Grotius, *De jur. bel. ac pac.*, p. 498.

3. *Bartoli commentaria ad Dig.*, p. 171, t. I (Lyon, 1852).

aurait atteint son but définitif : l'effet suspensif et l'effet rétroactif auraient été ajoutés après coup. La solution est ingénieuse ; il est assez vraisemblable que cette institution a subi le sort de presque toutes les autres et n'a pas atteint sa perfection en une fois ; créé par le *jus gentium*, le *postliminium* aurait donc été modifié et complété par le *jus civile*.

Aucun texte toutefois n'autorise cette supposition ; car on ne trouve aucune mention du *postliminium* dans les écrits qui sont parvenus jusqu'à nous et qui remontent aux premiers temps de Rome. Il est certain que la loi des XII Tables ne contenait aucune disposition spéciale sur ce point ; ce serait donc la coutume seule qui l'aurait formé. On pourrait cependant en douter, si l'on prenait à la lettre les mots : *moribus, legibus constitutum* de la loi 19 *princ. hoc tit.*, ce qui semblerait indiquer que la loi écrite prévoyait notre hypothèse. On s'accorde généralement à croire que le mot *legibus* vise ici les plébiscites qui intervenaient pour sanctionner les traités conclus à Rome avec les étrangers et dans lesquels il était question du *postliminium*, soit pour en admettre ou en écarter l'application ; ce texte ne fait donc pas obstacle à notre solution (1).

III. — Quelle est l'étymologie du mot : « *Postliminium* » ?

Un grand nombre en a été proposé. On a dit que *postliminium* viendrait de *compos liminis*, qui a recouvré le seuil ; cette étymologie ne trouve aucun appui dans les

____

1. Accarias. *Précis de droit romain*, 1886, I, n° 42.

textes. Cicéron rapporte dans ses Topiques deux opinions qui avaient cours de son temps. D'après l'une, soutenue par Servius Sulpicius Rufus, le mot « *postliminium* » aurait pour radical la proposition *post* à laquelle on aurait ajouté *liminium* sans autre but que celui de former un substantif, comme on l'a fait avec *timus* dans *finitimus*, *œditimus*, ou avec *tullium* dans *meditullium*. L'autre, soutenue par Quintus Mucius Scœvola, fils du grand pontife Publius Scœvola, est plus vraisemblable : l'expression « *postliminium* » serait formée des deux mots « *post* » « après » et « *limen* » « seuil » ; « *limen* » viserait ici le seuil de l'Etat, c'est-à-dire la frontière, ou mieux retour en deçà de la frontière.

Cette opinion semble s'imposer. Elle est d'ailleurs donnée par Justinien : « *Dictum est autem postliminium a limine et post... nam limina sicut in domibus finem quem dam faciunt, sic et imperii finem limen esse veteres voluerunt* » (Inst. I, 12, § 5). Paul Diaconus s'exprime également ment ainsi : « *Postliminii receptus dicitur is qui extra limina, hoc est terminus provinciæ captus fuerat, rursus ad propria revertitur* » (1). Grotius l'a acceptée et la plupart des auteurs contemporains, Hase, Gœttling (2), Becker l'admettent. Gœttling pense toutefois qu'à l'origine le mot *postliminium* désignait la région voisine des frontières et consacrée par les augures, et que ce mot avait été étendu au retour du captif, parce que celui-ci ne recouvrait

---

1. Cicéron. Topiques, VIII, § 36.
2. Paul Diaconus sur Festus au mot : *postliminium receptum.*
3. Gœttling. *Histoire de la formation du droit romain*, p. 117.

ses droits qu'au moment où il mettait le pied sur cette partie du sol romain. Ces témoignages suffisent pour faire triompher l'étymologie proposée par Scœvola.

Pour mémoire seulement signalons une autre opinion qui est plus originale que vraisemblable; c'est celle qui est proposée par Heineccius dans sa *Jurisprudentia romana* (1). Pour cet auteur le captif ayant pendant son séjour chez l'ennemi, passé pour mort aux yeux des Romains, il aurait été de mauvais augure de le laisser rentrer dans la maison par le seuil de la porte; il devait s'y introduire par la cour située derrière la maison et en montant sur le toit : « *Post limen per tegulas et impluvium intro se mittebat.* »

IV. — Il ne suffit pas d'expliquer le *postliminium* pour ainsi dire archéologiquement; — il est en outre utile, avant d'entrer dans de plus amples détails, d'en déterminer la nature.

Jusqu'à ces derniers temps, tous les commentateurs du droit romain ont sans exception considéré le *postliminium* comme reposant sur une fiction telle que nous la représentent les textes du Digeste, et cela d'un bout à l'autre de l'histoire romaine (2). Le captif de retour dans sa patrie est censé n'avoir jamais été fait prisonnier; tous ses droits, il les recouvre comme s'il n'avait jamais cessé d'en jouir. Cette théorie s'appuie sur de nombreux textes; c'est d'abord la loi 5, § 1, *hoc tit.* au Digeste, de Pomponius : « *Perinde omnia restituuntur jura,*

<hr>

1. Heineccius, *Jurisprudentia romana*, t. I, p. 461.
2. Accarias. — *Op. cit.*, I, n. 42.

ac si captus ab hostibus non esset »; puis le témoignage d'Ulpien « *retro creditur in civitate fuisse qui ab hostibus advenit* » (l. 16 à notre titre) et celui de Justinien qui aux Institutes (L. tit. 12, § 5) s'exprime ainsi : « *Quia postliminium fingit eum, qui captus est, semper in civitate fuisse.* » On comprend qu'avec l'appui de tels auteurs on ait fait reposer le *postliminium* sur une fiction.

En 1872, Bechmann émit une théorie nouvelle; il avait été précédé dans cette voie par Fernandez de Retes dans son *Traité du Postliminium* (1). Pour l'auteur allemand ce n'est pas en vertu d'une fiction que l'ex-prisonnier est traité une fois de retour comme s'il n'avait jamais été esclave. Il se peut que les modifications faites au *postliminium* à une époque postérieure n'aient pu être apportées que grâce à l'idée d'une fiction, mais la conception primitive de cette institution ne repose nullement sur cette base. Ainsi pour Bechmann, le captif perd tous ses droits pendant son absence ; — et quand il rentre à Rome il les reprend parce qu'il a recouvré la liberté, et il n'est point traité comme les ayant conservés sous la condition résolutoire de son retour. Mais que l'on ne s'y trompe pas, il ne s'agit que des origines ; — Bechmann est forcé d'admettre la fiction pour l'époque classique.

Voici maintenant comment cette théorie est soutenue par son auteur. Aucun texte ne donne un appui sérieux à l'idée de fiction : les expressions qui reviennent toutes

1. Retes. — *Opera.* L. VI reproduit dans Meermann *Thesaurus* t. VI, page 282.

les fois où le *postliminium* est en jeu : « *in causam suam recidere;* » « *pristinum jus recuperare* » ; « *civitatem adipisci* » n'éveillent en rien l'idée de fiction et donnent au contraire la conception primitive d'une expression adéquate. Quant aux passages qui à première vue paraissent favorables à la théorie d'une fiction, ils ne prouvent rien. C'est d'abord la loi 5, § 1, déjà citée : « *Perinde omnia restituuntur jura, ac si captus ab hostibus non esset.* » Mais le mot « *restituuntur* » implique la négation absolue de toute fiction; il montre assez que les droits sont rendus; c'est donc qu'ils ont été perdus, et qu'ils n'ont pas continué d'exister au profit de leur titulaire; quant aux mots « *ac si* » ils veulent dire simplement que pour cette reprise de possession la captivité n'a eu aucune influence préjudiciable. Viennent ensuite la loi 16 : « *Retro creditur in civitate fuisse qui ab hostibus advenit* » et le § 5, I, t. 12 des Institutes « *quia postliminium fingit eum qui captus est semper in civitate fuisse.* » Bechmann remarque d'abord que cette dernière phrase est précédée immédiatement des mots suivants : « *Omnia pristina jura recipiunt* » qui expriment la véritable conception; ensuite il prétend que dans la forme présente de leur rédaction ces passages sont absolument faux; car le droit classique lui-même n'a jamais admis une fiction d'une portée aussi absolue; on ne saurait par suite en déduire pour les origines le principe d'une fiction.

Mais ce ne sont pas là les seuls arguments que l'on peut, avec Bechmann, faire valoir contre l'idée de fiction. Cette idée est en effet incompatible avec certains résultats reconnus par tous : elle est inacceptable, car elle impliquerait ou bien que le prisonnier n'a même pas été absent de fait et que l'expression « *retro in civitate fuisse* » n'est pas à prendre dans son sens usuel ; or c'est là une fiction que personne n'a pu avoir l'idée d'admettre et qui d'ailleurs se trouverait en contradiction absolue avec la manière dont sont traités, comme nous le verrons, la possession et le mariage ; ou bien que son absence n'a été qu'une absence de fait, tandis qu'au point de vue du droit il est resté citoyen sans aucune interruption.

Bechmann ne s'en tient pas là. Si cette fiction était fondée, ajoute-t-il, non-seulement l'état du citoyen pendant l'absence ne saurait être appelé esclavage et il ne saurait être question d'une perte de droits dans l'intervalle, mais il faudrait que tous les actes accomplis par le prisonnier pendant le temps de sa captivité fussent considérés comme absolument valables ; or, comme on le verra, sauf quelques exceptions, c'est juste le contraire qui a lieu.

Il conclut qu'il faut abandonner toute idée de fiction dans le sens général et ramener le *postliminium* à son fondement naturel. Le *postliminium* ne nie pas et n'annule pas rétroactivement l'esclavage subi *jure gentium*, mais il lui enlève toute conséquence nuisible pour l'avenir par cela même que le rapatrié reprend immédiatement la situation juridique, le *jus* où il s'était trouvé autrefois.

Telle est la théorie soutenue par Bechmann. En un mot, le *postliminium* aurait consisté uniquement pour les temps primitifs dans le recouvrement du *jus pristinum ;* point de rétroactivité, point d'état suspensif, point d'indécision ; du jour de la captivité au jour du retour, il y aurait eu solution de continuité dans le *status* et les droits du captif.

Cette théorie ainsi présentée paraît séduisante au premier abord. Elle est sans aucun doute originale; mais elle ne semble pas pouvoir s'harmoniser avec certains principes du droit romain, et paraît être en désaccord avec les textes.

Pour ce qui est des textes d'abord, ils ne peuvent laisser place à aucun doute, est-il possible de mieux exprimer l'idée de fiction qu'en employant le verbe « *fingere* » comme le font les Institutes? Soutenir d'une part que le § 5 a été interpolé semble être une pure hypothèse; rien ne paraît l'indiquer; que l'on n'objecte pas d'autre part que le texte des Institutes date d'une époque à laquelle l'idée de fiction est admise par tous, et que dès lors le mot « *fingere* » ne prouve pas que la fiction existât à l'origine; la discussion ne porte pas sur ce point, et Bechmann lui-même ne nie pas que cette expression ne fût employée dès le début.

Pour ce qui est des principes, nous croyons que la solution d'une non-fiction est directement combattue par la répugnance qu'avaient les vieux Romains pour les droits temporaires et révocables, et en particulier pour la propriété transférée *ad tempus*. L'occupation appliquée aux biens du captif pendant son absence aurait créé au profit de l'occupant une propriété *ad tempus* révocable au retour du captif; ce serait la conséquence logique, si l'on admettait que le citoyen reprend tous ses droits au lieu de continuer à les exercer quand il rentre dans sa patrie; mais, nous le répétons, ce serait là la négation des principes reçus jusqu'à ce jour en matière de transmission de droits et nous ne pouvons y souscrire.

Il est un deuxième argument que l'on peut faire valoir en faveur de cette thèse : il est tiré de la *lex Hostilia*. Cette loi reconnaissait, alors que la représentation n'était pas permise, le droit de poursuivre par une action populaire l'auteur d'un vol commis à l'encontre du patrimoine d'un romain captif chez l'ennemi. Or, il n'y a vol que là où il y a un propriétaire, et il n'y a pas de propriétaire si les biens sont vacants. Il faut donc admettre que le captif a conservé son droit de propriété ou plutôt qu'il est présumé l'avoir conservé pendant toute la durée de sa captivité.

Enfin un dernier argument nous paraît décisif. Si l'on examine les actions données au captif à son retour, on voit que ce sont toutes des actions *directes* et non des actions données *utilitatis causa*. C'est dire par suite que la fiction a toujours existé ; si la fiction eût été prétorienne, si elle eut été le résultat d'une jurisprudence récente, elle aurait été garantie par les moyens du droit prétorien, du moins en ce qui concerne les effets nouveaux qu'elle aurait produits ; il n'en est rien ; c'est donc que la fiction était une fiction civile et qui a existé dès les premiers temps.

Nous conclurons avec Bechmann que l'institution du *Postliminium* n'a pas été créée en une fois (nous l'avons déjà démontré au début de ce chapitre) ; que sans aucun doute la doctrine et la jurisprudence, à la suite d'une pratique séculaire, ont dû contribuer à la modifier ; mais nous pensons à l'encontre de l'auteur allemand, que l'idée de fiction n'est pas de création récente et qu'elle a existé dès le début ; les textes et les principes dictent cette solution selon nous.

V. — Passons au champ d'application du *Postliminium*.

Elle découle des deux définitions suivantes dont nous connaissons déjà la première : « *Postliminium fingit eum qui captus est semper in civitate fuisse* » dit Justinien (Inst. I, 12, § 5); Paul dans la loi 19, *h. t. princip.* s'exprime ainsi : « *Postliminium est jus amissæ rei recipiendæ ab extraneo et in statum pristinum restituendæ inter nos ac liberos populos regesque moribus legibus constitutum.* » Ces textes montrent bien que la fiction postliminienne s'applique aux choses comme aux personnes. Pomponius fait d'ailleurs la distinction d'une façon expresse dans la loi 14 (Dig. XLIX, t. 15) : « *Duæ species postliminii sunt, ut aut nos revertamur aut aliquid recipiamus.* » Ainsi le *postliminium* a un double aspect, suivant que l'on l'envisage au point de vue du captif ou des biens pris par les ennemis. Pothier (1) appelle le premier cas « *postliminium actif* » c'est-à-dire celui par lequel le prisonnier de guerre, de retour dans sa patrie, recouvre ses droits, et le second « *postliminium passif* » c'est-à-dire celui par lequel les choses prises par l'ennemi redeviennent la propriété de ceux à qui elles appartenaient avant l'*occupatio bellica.*

Cette terminologie, quoique répondant assez mal à l'idée qu'elle veut exprimer, est commode, car elle per-

---

1. Pothier. *Pandectæ Justinianeæ* (Paris, 1819), t. IV, p. 541.

met de désigner brièvement l'une ou l'autre hypothèse ; mais, avant de l'adopter, il faut se garder d'une confusion. A la division en *postliminium* actif et passif ne correspond pas la division en *postliminium* des personnes et des choses. Le *postliminium* des personnes comprend les esclaves, et cependant en droit strict les esclaves sont des choses ; les esclaves ne sont pas toutefois susceptibles d'un *postliminium* actif ; ils ne peuvent être que l'objet et non le sujet des droits qui sont rétablis par notre fiction. Pour les fils de famille le *postliminium* est tantôt actif et tantôt passif ; actif, en ce sens que le fils de retour à Rome rentrera dans sa situation juridique de *filiusfamilias* ; passif, en ce sens que le *paterfamilias* recouvrera sur lui tous les droits qui découlent de la *patria potestas*. En résumé, le *postliminium* actif ne comprend pas toutes les personnes et le *postliminium* passif ne comprend pas que des choses.

Quelles sont les choses susceptibles d'être recouvrées en vertu du *postliminium* ? Si l'on combine ensemble les énumérations que donne Cicéron dans ses *Topiques* (VIII) Œlius Gallus (1), et les lois 1, 2 de Marcellus et 3 de Pomponius (Dig. XLIX, t. 15) on peut diviser les *res postliminii* en trois catégories : 1° Les vaisseaux ; 2° Les bêtes de sommes et les chevaux ; 3° Les fonds de terre. Remarquons que toutes ces choses n'ont aucun rapport entre elles ; elles n'ont qu'un trait commun, c'est qu'elles servent toutes à la guerre ; peut-être est-ce là le point de vue auquel on s'est placé. Sans insister, passons-les rapidement en revue.

1. Festus. V. *Postliminium receptum.*

1° *Les vaisseaux*. — D'après Cicéron et Œlius Gallus dont l'opinion est rapportée par Festus, il semble que ce sont tous les vaisseaux sans distinction ; d'après Marcellus il ne s'agit que des *naves longæ* qui sont les navires de combat, et les *naves onerariæ* ou bâtiments de transport : « *Navibus longis atque onerariis propter belli usum postliminium est : non piscatoriis, aut si quas actuarias voluptatis causa paraverunt* » (l. 2 princip. h. t.). Il est probable que Marcellus est dans le vrai, car le *postliminium* ne devait en principe s'appliquer qu'aux *res usus belli*.

2° Les *bêtes de somme et les chevaux* — Le même motif que pour les navires les fit bénéficier de la fiction postliminienne ; indispensables à la guerre, ils doivent rentrer dans le patrimoine de leur propriétaire, les hostilités finies. Marcellus nous dit à ce sujet dans le § 1 de la même loi : « *Equus item, aut equa freni patiens, recipitur postliminio : nam sine culpa equitis proripere se potuerunt* » Que veulent dire ces derniers mots ? Et comment expliquer cette raison ? Marcellus répond par avance à une objection qu'on aurait pu lui faire : si c'est le *belli usus* qui détermine les *res postliminii*, on aurait dû y faire rentrer les vêtements, les armes qui servent aussi à la guerre ; on ne l'a pas fait, parce que c'est une honte pour le Romain de se laisser dépouiller ou de perdre ses armes ; en est-il de même pour le cheval ? Non, répond le jurisconsulte ; de même que les navires peuvent, malgré les efforts de leur équipage, être jetés par les vents contraires sur les côtes au milieu de la flotte ennemie, de même le cheval peut s'échapper, s'emporter et jeter son cavalier au milieu des rangs ennemis, sans qu'il y ait faute de celui-ci.

3° *Les fonds de terre.* — Il paraît étonnant à première vue que les fonds de terre puissent faire l'objet d'un retour, étant donné leur caractère de stabilité. Il se peut cependant que les ennemis après être entrés sur le territoire romain en soient chassés : le territoire fait alors retour à ses propriétaires originaires et rentre *intra limina,* car le retour offensif opère rétablissement de la frontière ancienne ; on comprend dès lors qu'ils aient bénéficié du *postliminium.*

Telles étaient les *res postliminii,* qui pouvaient à côté des personnes, faire l'objet d'un retour ; deux remarques restent à faire sur l'étendue d'application de notre fiction. Et tout d'abord le *postliminium* pouvait atteindre les *res religiosæ, sanctæ vel sacræ.* Toutes les choses du droit divin qui tombaient aux mains de l'ennemi perdaient, par ce fait seul, aux yeux des Romains, leur caractère sacré ; elles pouvaient le recouvrer par une sorte de *postliminium,* si elles étaient reprises aux ennemis ; Pomponius nous en fait la remarque dans la loi 36, Dig. XI, t. 7.

Disons enfin que la fiction postliminienne pouvait par suite d'une sorte d'extension de son domaine ordinaire, s'appliquer aux animaux sauvages que l'on acquiert par voie d'occupation. Si l'oiseau que l'on a pris dans le nid et que l'on a apprivoisé vient à s'envoler, si les abeilles quittent leur ruche, si le gibier abandonne l'enclos où on le maintenait, la propriété que l'on avait sur ces animaux disparaît, et ils sont réputés par l'effet du *postliminium* n'avoir jamais appartenu à personne et avoir toujours été en liberté. C'est ce qu'explique Justinien aux Instituts (II, t. 1, § 12, 13 suiv.). L'hypothèse est curieuse, mais devait être d'une rare application ; en tous cas, elle est hors de notre sujet.

Ici se clot la liste des cas d'application du *postliminium*.

CHAPITRE III ·

CONDITIONS DU « *Postliminium.* »

Après ces idées générales sur le *postliminium*, il convient de rechercher les conditions qu'il requiert pour son application. Ces conditions diffèrent suivant qu'il s'agit du *postliminium* des personnes ou de celui des choses ; nous les étudierons dans deux sections différentes.

SECTION I

Conditions du « postliminium » actif.

Diverses conditions doivent être réunies pour que le citoyen romain puisse bénéficier de la fiction postliminienne ; elles ont trait soit à la personne elle-même, soit au peuple qui l'a faite prisonnière, soit au temps pendant lequel peut s'exercer le *postliminium.*

I. — Conditions quant aux personnes.

Le principe est que toute personne peut être appelée à recouvrer ses droits; aucune condition d'âge, de sexe ou de *status* n'est exigée. Mais deux phases doivent être distinguées; l'entrée en captivité et la sortie de captivité; c'est ce que les textes expriment par les termes *venire ad hostes* et *redire ab hostibus;* c'est le commencement et la fin de la servitude; elles forment deux conditions distinctes.

§ 1. — *Conditions du « venire ad hostes. »*

Il ne suffit pas au captif d'être pris par l'ennemi, il faut qu'il soit conduit dans le camp du vainqueur et de plus qu'il ne soit ni transfuge ni *in conditione transfugæ.*

La première condition est donc une condition positive : le romain doit être parvenu dans le camp ennemi : « *antequam in præsidia perducatur hostium, manet civis.* » dit Pomponius (l. 5, § 1, Dig. XLIX, t. 15). Ce n'est qu'à partir de ce moment que commence pour lui la captivité jusque-là on n'est pas encore certain qu'il reste prisonnier; jusque-là il demeure citoyen. Dès ce moment sa déchéance est complète et il encourt la *capitis deminutio maxima* avec toutes les conséquences qui la constituent.

La deuxième condition est au contraire négative : le

captif ne doit être ni transfuge ni dans une situation analogue. Rome en effet était sévère sur l'honneur militaire; si elle a institué le *postliminium*, c'était pour ainsi dire à titre de récompense pour ceux qui s'étaient vaillamment conduits pour elle; pour en mériter les bienfaits il fallait en être digne; voilà pourquoi les *transfugœ* et les *dediti* en étaient privés.

Les transfuges n'étaient pas à Rome, comme dans notre droit des gens moderne, ceux seulement qui désertaient, mais encore d'une façon générale tous ceux qui avaient négligé de se soustraire à la captivité, alors qu'ils le pouvaient; ceux qui, pouvant s'enfuir, ne l'avaient pas fait, ceux encore qui préféraient rester à l'ennemi que de bénéficier d'une clause du traité de paix qui leur rendait la liberté. Aux transfuges il fallait assimiler le soldat romain pris *in prœsidio;* c'est du moins ce que dit Arius Menander dans le livre II de son traité *De re militari*, et que Tribonien rapporte au Digeste (l. 5, § 5, XLIX, t. 16): « *Qui captus, cum poterat redire, non rediit, pro transfuga habetur, item eum qui in prœsidio captus est, in eadem conditione esse certum est.* » On a beaucoup discuté sur le mot « *in prœsidio* ». Ramos entend par là le poste militaire dont avait la garde le romain quand il a été fait prisonnier; Cujas propose de remplacer le mot « *prœsidium* » par celui de « *profugium,* » « refuge. » « Mais l'auteur espagnol répond que l'on ne peut faire une telle correction et voici comment il explique le texte : le mot « *prœsidium* » voudrait dire dans un second sens le camp ennemi; il y a lâcheté de la part du soldat romain d'aller dans le camp ennemi sans autorisation de ses chefs, et par suite soupçon de désertion. Cette interprétation semble assez vraisemblable.

Le *postliminium* ne s'appliquait donc pas au transfuge car encore une fois cette fiction avait pour but unique de remédier à la *necessitas captivitatis;* or il n'y avait jamais nécessité de passer à l'ennemi et le déserteur, traître à sa patrie, n'avait plus droit à sa protection ; on pouvait tuer un transfuge partout où l'on le trouvait, comme on l'aurait fait d'un ennemi.

Aux transfuges il faut assimiler ceux qui se rendaient avec armes et bagages « *Postliminio carent qui armis victi hostibus se dederunt* » dit Paul (l. 7 dig. XLIX T. 15) L'idée est ici la même : il est honteux de se laisser prendre les armes à la main ; on doit combattre tant qu'on a de quoi se défendre ; Rome ne pardonnait guère sur les questions d'honneur, et le Sénat repoussa maintefois avec indignation des propositions qui tendaient au rachat de prisonniers de ce genre.

Après les transfuges, les *dediti.* Ils étaient aussi privés du *postliminium.* Les *dediti* sont d'une façon générale ceux qui ont été livrés aux ennemis par Rome elle-même ; par exemple, parce qu'ils ont consenti un traité déshonorant pour Rome ou parce qu'ils ont porté atteinte à l'inviolabilité des ambassadeurs. Si celui que Rome abandonnait ainsi n'était pas accepté par l'ennemi, qu'arrivait-il ? Recouvrait-il ou non le droit de cité ? La question est posée en ces termes par Modestin dans la loi 4 *hoc tit.* : « *An qui hostibus deditus reversus nec a nobis receptus civis Romanus fit, inter Brutum et Scævolam varie tractatum est ?* » et il donne immédiatement la réponse:

« *Et consequens est ut civilatem non adipiscatur.* » Il y avait donc controverse entre les jurisconsultes. Il est probable qu'elle a été diversement résolue aux différentes époques du droit romain. En tous cas, on ne saurait considérer le texte de Modestin comme parfaitement décisif ; après avoir posé la question, il donne aussitôt la solution ; les motifs sont absents ; Tribonien a dû les supprimer. Toutefois la solution donnée devait être celle qui l'emportait en général s'il faut en croire les exemples que nous fournit l'histoire sur ce point. Le cas s'était présenté au sujet du consul Hostilius Mancinus, livré aux Numantins et que ceux-ci n'avaient pas voulu rece-voir ; une loi fut nécessaire pour lui rendre la cité romaine. Dans une circonstance analogue le Sénat se montra inexorable : Marcus Claudius avait signé avec les Corses un traité peu favorable à Rome ; ceux-ci refusèrent de le recevoir ; non seulement les sénateurs ne lui accordèrent pas le *jus postliminii*, mais ne virent en lui qu'un esclave infidèle et le condamnèrent à mort.

§ 2. — *Conditions du « redire ab hostibus ».*

En vertu de l'*occupatio bellica* le captif est devenu la propriété de l'ennemi ; il ne peut s'en affranchir que s'il se soustrait d'une part à son pouvoir, et s'il a d'autre part la ferme intention de redevenir romain. Deux éléments, comme pour la possession, sont par suite exigés : le *corpus* et l'*animus* ; peu importe, nous l'avons dit, de quelle façon le captif recouvre la liberté : « *Nihil inte-rest quomodo captivus reversus est : utrum dimissus, an vi, vel fallacia potestatem hostium evaserit* » dit Florentin dans la loi 26 à notre titre, et il ajoute : « *Ita tamen si ea mente venerit, ut non illo reverteretur ; nec enim satis est corpore domum quem rediisse, si mente alienus est.* » Le *corpus* est ici le fait du retour *inter limina ;* l'*animus* est la volonté chez l'ex-prisonnier de rester dans son pays et de recouvrer sa qualité de citoyen.

Il va sans dire que le *corpus* est interprété largement. Il n'est pas nécessaire que l'ancien captif soit rentré dans sa demeure ni même qu'il ait mis le pied sur le territoire romain ; il suffit qu'il soit en sûreté sur le terrain d'un peuple allié ou ami de Rome : « *Postliminio rediisse videtur cum in fines nostros intraverit, sicuti amittitur ubi fines nostros excessit. Sed etsi in civitatem sociam amicamve aut ad regem socium vel amicum venerit, statim postliminio rediisse videtur, quia ibi primum nomine publico tutus esse incipiat* » (l. 19, D. § 3, XLIX, t. 15). Autrement dit, il ne suffit pas qu'il soit hors des atteintes de l'ennemi ; il faut que son sort soit assuré par le droit public du pays où il s'est réfugié.

En second lieu le captif doit avoir *l'animus ;* il doit être résolu à rentrer dans la *civitas.* Ce n'est là qu'une application du principe de droit public, à savoir que nul n'est tenu de conserver malgré lui le titre de citoyen romain. Ainsi tout captif qui revient dans sa patrie, sans l'intention d'y rester, mais avec celle de revenir chez l'ennemi, ne pourra bénéficier du *postliminium.*

Pomponius après avoir posé le principe en ces termes : « *Captivus autem, si a nobis manumissus fuerit, et pervenerit ad suos, ita demum postliminio reversus*

intelligitur si malit eos sequi quam in nostra civitate ma-
nere » (l. 5, § 3, *h. tit.*) le fait suivre de deux exemples
dont l'un est devenu si classique qu'il est presque inutile de le rappeler. C'est celui d'Attilius Régulus, qui
envoyé par Carthage à Rome pour négocier le rachat des
prisonniers faits dans la guerre avait juré de revenir à
Carthage s'il échouait dans ses négociations ; on sait que
celles-ci ne réussirent pas sur son propre avis et quel
sort lui était réservé. L'autre exemple est celui du grec
Ménandre qui, captif des Romains, avait été affranchi et
admis parmi les citoyens. Envoyé comme interprète en
Grèce avec les jurisconsultes désignés pour y étudier
les lois de Sparte et d'Athènes, en vue de la rédaction de
la loi des XII Tables, la question se posa de savoir si en
revenant dans son pays il avait ou non perdu le droit de
cité romaine. On vota une loi spéciale pour lui confirmer
son droit de citoyen ; mais, comme le fait remarquer
très justement Pomponius, cette loi était inutile « *nam*
sive animus ei fuisset remanendi, apud suos desineret esse
civis, sive animus fuisset revertendi, maneret civis et ideo
esset lex supervacua » (l. 5, § 3 *in fine.* Dig. XLIX, t. 15).

II. — Conditions quant aux peuples.

Le *postliminium* ayant pour but d'effacer les conséquences iniques de l'esclavage, il s'en suit qu'il ne devait
s'appliquer que là seulement où la captivité entraînait
une servitude de droit. Nous savons déjà que Rome ne
reconnaissait qu'à certains peuples le droit d'*occupatio*
bellica : seuls étaient captifs les prisonniers faits dans une

guerre solennellement déclarée et faite de nation à nation ; seuls ces captifs étaient capables de bénéficier de la
fiction postliminienne ; nous n'avons pas à revenir sur ce
point.

Le *postliminium* ne devait pas davantage s'appliquer
aux romains faits captifs à la suite d'un vol, d'un acte de
piraterie ou de brigandage ; de tels individus ne devenaient pas esclaves des pirates, *latrones* ou *latrunculi ;*
la loi 19, § 2 déjà citée en fait foi. Cependant la loi 6 au
même titre (l. 6, Dig, XLX, t. 15) semble être en contradiction avec la loi 1?, § 2. Pomponius suppose une
femme, condamnée aux salines, et prise ensuite par des
voleurs d'une nationalité étrangère, puis rachetée ; cette
femme sera replacée dans son ancienne condition : « *Mulier
in opus salinarum ob maleficium data et deinde a latrun-
culis externæ gentis capta, et jure commercii vendita ac
redempta, in causam suam recidit.* » Que veulent dire ces
derniers mots ? Deux opinions se sont formées : d'après
l'une, ils visent bien le *postliminium,* mais dans l'espèce
il s'agit de *latrunculi gentis externæ,* c'est-à-dire de
voleurs appartenant à une de ces nations avec lesquelles le
postliminium existe même *in pace,* ces nations avec lesquelles Rome n'a aucune alliance ni aucun rapport d'a-
mitié ; d'après l'autre, Pomponius ne fait pas allusion à
un effet du *postliminium ;* il indique simplement qu'une
fois rachetée, la femme subira le reste de sa peine, car
le vol dont elle a été le sujet n'a pu modifier son état ;
elle n'est devenue et n'a pu devenir l'esclave des voleurs,
Cette dernière solution semble la plus plausible ; elle a
du moins le mérite de mettre d'accord le principe et

l'exemple, et ne vise pas un cas exceptionnel, comme le voudrait la première opinion.

Pour que la guerre soit légale, nous l'avons déjà dit, il faut qu'elle se fasse de nation à nation ; c'est une des conditions essentielles. Donc en cas de guerre civile le parti qui s'insurge contre Rome n'est pas un peuple étranger, un *hostis ;* aux *hostes,* en un mot, on n'assimile pas les factieux. Nous trouvons au Code une application de ce principe que nous rapportons seulement à titre de curiosité. Ce rescrit des empereurs Dioclétien et Maximien fait allusion à une insurrection fameuse dirigée contre les Romains par la *Palmyra factio,* c'est-à-dire par les partisans d'Odénat et de la célèbre reine de Palmyre Zénobie, qu'Aurélien fit figurer dans son triomphe à sa rentrée dans Rome. Un citoyen romain était tombé aux mains des factieux et avait été vendu par ceux-ci comme esclave ; une fois racheté, les empereurs décidèrent qu'il était resté citoyen romain et ordonnèrent au *prœses provinciœ* de le rétablir dans ses droits antérieurs. « *Cum cognatum tuum ingenuum natum ex Palmyrenœ factionis dominatione redemptum velut captivum distractum esse dicas, prœses provinciœ ingenuitati suœ reddi eum efficiet* » (l. 4 Cod. VII, T. 14).

Toujours en nous demandant entre quels peuples le *postliminii* est reçu, nous avons une dernière question à examiner. La loi 5 pr. Dig. XLIX, T. 15 dit : « *Postliminium jus competit aut in bello aut in pace.* » Il est bien entendu que le *postliminium in bello* ne s'applique qu'entre les peuples étrangers auxquels Rome a déclaré so-

nellement la guerre ; mais pour le *postliminium in pace*
entre quels peuples s'applique-t-il ? autrement dit, le
postliminium pouvait-il s'exercer à l'égard des peuples
fédérés et libres ? Cicéron dit à ce sujet dans le *De Ora-
tore* (livre 40) : « *Si quis apud nos servisset ex populo fœde-
rato seseque liberasset et postea domum revenisset, quœsitum
est apud majores nostros num is ad suos postliminio redis-
set ?* » S'il faut en croire ce témoignage la question était
vivement controversée de son temps ; elle ne l'était pas
moins à l'époque classique ; Proculus répondait négativement en ces termes : « *Non dubito quin fœderati et liberi nobis externi sint...etenim quid inter nos atque eos postliminii opus est, cum et illi apud nos et libertatem suam
et dominium rerum suarum œque atque apud se retineant ;
et eadem nobis apud eos contingant?* »(l. 7 *princip. h.tit.*).
Œlius Gallus répondait au contraire affirmativement :
« *Cum populis liberis et cum fœderatis et cum regibus postliminium nobis est ita uti cum hostibus* » (1).

Laquelle de ces deux opinions doit l'emporter ? Les
commentateurs du droit romain ont essayé de concilier ces textes ; y ont-ils réussi ? Qu'il nous soit permis
d'en douter. D'après Cujas les deux fragments en cause
viseraient deux hypothèses distinctes. S'appuyant sur l'autorité de Tite-Live (2), il reconnaît trois espèces de traités
que Rome pouvait passer avec les autres peuples : des
traités conclus sur le pied d'égalité ; les traités par les-

---

1. Ce fragment d'Œlius Gallus est rapporté par Festus au mot :
Postliminium.

2. Tite Live, XXXIV T. 57.

quels le vaincu est soumis au vainqueur ; les traités conclus entre peuples qui n'ont jamais été *hostes*. Proculus
aurait eu en vue la première catégorie ; Œlius Gallus
viserait au contraire la troisième. Rien n'autorise cette
explication ; on ne saurait tirer argument des textes qui
disent que dans tous les cas les peuples fédérés sont des
étrangers. Une autre solution a été proposée : le texte
de Proculus viserait le *postliminium in pace* et celui de
Gallus se rapporterait au *postliminium in bello*. Pas plus
que la précédente, cette explication ne paraît vraisemblable. Le mieux est, semble-t-il, de dire avec Pothier (1)
que les textes en question n'établissent aucune distinction entre les peuples fédérés et que le *postliminium in
pace* leur était à tous applicable.

III. — Conditions quant au temps.

Le principe admis est simple : pour que le captif
puisse à son retour bénéficier de la fiction postliminienne
ce retour devait s'effectuer à une époque où les relations
entre Rome et le peuple dont il était prisonnier étaient
encore ce qu'elles étaient au jour de la captivité. Autrement dit, s'il s'agit d'un *postliminium in bello*, le captif
doit revenir au cours de la guerre : « *Si eodem bello is
reversus fuerit* » (l. 5 § 1, Dig. XLIX, t. 15), et le traité
qui interviendrait pour la terminer écarterait l'application du *postliminium*. S'il s'agit d'un *postliminium in
pace* il cessera de produire tout effet quand un traité

1. Pothier, *op. cit.* p. 545, note 3.

quelconque viendra mettre fin à l'état d'isolement dans lequel le peuple étranger vivait au régard de Rome ; mais en revanche la survenance d'une guerre n'empêchera pas le *postliminium* d'être accordé *in bello* à ceux qui étaient devenus *in pace* les prisonniers de ce peuple étranger.

Cette double solution semble être celle à laquelle s'est arrêtée la doctrine; mais elle a été longtemps controversée. Le cas du *postliminium in pace* a soulevé particulièrement de vives discussions. Elles ont eu pour point de départ un texte de Tryphoninus, la loi 12 *princ.* à notre titre : « *In bello postliminium est, in pace autem his qui bello capti erant, de quibus nihil in pactis erat comprehensum.* » Ces paroles semblent dire que le *postliminium* pouvait se produire pendant la paix pour les prisonniers de guerre, si aucun traité n'est intervenu pour le prohiber à leur égard; elles sont donc en contradiction manifeste avec la solution adoptée par la généralité des auteurs. Ceux-ci en effet à l'exception d'un seul, Bulh, dans son *Salvius Julianus,* sont d'accord pour dire que le texte de Tryphoninus a subi une altération et pour remplacer le mot *nihil* par le mot *id.* Cette correction est nécessaire pour mettre Tryphoninus d'accord avec lui-même; elle permet d'affirmer que le *postliminium in pace* est limité à ceux qui bénéficient d'une clause expresse du traité de paix leur permettant de jouir du *jus postliminii* en dehors du temps voulu. Servius donne comme motif de cette règle quelque peu rigoureuse que les Romains ont voulu que les citoyens missent leur espoir de retour plutôt dans la vertu militaire que dans la paix : « *quia spem revertendi civibus in virtute bellico magis quam in pace Romani esse voluerunt* » (l. 12 *princip h. tit.*). Cette explication permet d'adopter la correction proposée. Un auteur cependant ne l'approuve pas : Bynkershœck rapporte les mots « *quod ideo* » au commencement de la loi qui dit que le *postliminium* n'a lieu qu'en temps de guerre et la phrase qui débute par les mots « *in pace* » à la dernière proposition du texte qui vise le cas où le citoyen a été fait prisonnier à suite d'une brusque déclaration de guerre alors qu'il était chez l'ennemi. Cette interprétation torture le te· · ·is que la correction que l'on propose.

D'autres modifications au *principium* de la loi 12 ont été mises en avant : quelques éditions donnent *suo facto deprehenduntur*, au lieu de *suo fâto ;* d'autres commentateurs ont lu *suo pacto*. Cette dernière correction ne veut rien dire. Quant à la version *suo facto* elle supposerait que les Romains, destinés à bénéficier du *postliminium*, ont été faits prisonniers par leur fait, or, nous savons que dans une pareille hypothèse le *postliminium* ne leur est pas applicable. Il faut s'en tenir à la version ordinaire *suo fato*, ce qui suppose que c'est par leur mauvaise chance, par l'effet de leur mauvais destin qu'ils ont été réduits en captivité.

Telle est donc une première hypothèse dans laquelle le citoyen romain revenant dans sa patrie pendant la paix pouvait invoquer le *postliminium*.

Mais il en est d'autres. La loi 5, § 2 à notre titre nous en donne d'abord un exemple : « *In pace quoque*, dit Pomponius, *jus postliminii est, nam si cum gente aliqua neque amicitiam neque hospitium neque fœdus amicitiœ causâ factum habemus, hi hostes quidem non sunt, quod autem ex nostro ad eos pervenit illorum fit, et liber homo noster ab illis ad nos aliquid perveniat ; hoc quoque igitur casu post-liminium datum est.* » Un autre cas plus spécial nous est donné par la loi 12 *principium in fine;* mais nous l'avons étudié en discutant ce texte, et nous n'avons pas à y revenir.

SECTION II.

Conditions du « Postliminium » passif.

La plupart des conditions que nécessite le *postliminium* actif s'appliquent au *postliminium* des choses. C'est ainsi que les conditions quant au temps et quant aux peuples sont les mêmes ; mais il en est quelques-unes de spéciales qu'il reste à examiner.

Pour que les *res* prises par l'ennemi puissent faire l'objet de notre fiction il faut : 1° qu'elles soient revenues sur le territoire romain ; 2° qu'elles soient rentrées en la possession de leur ancien maître ou du moins d'un autre citoyen. C'est ainsi qu'un esclave, qui juridiquement est considéré comme un *res postliminii,* ne peut être l'objet du *postliminium* que s'il revient à Rome et qu'il y rentre sous la domination d'un maître ; s'il revient à Rome et qu'il reste sans maître, il ne peut donner lieu à la fiction.

Comme on le voit, si le *corpus* est nécessaire, il ne peut être question de l'*animus.* C'est ainsi que l'esclave trans-fuge, à la différence de l'homme libre transfuge, tombe sous l'application du *postliminium*, malgré sa qualité de *transfuga*. Son maître pourra, lors du retour, le revendiquer ; la raison en est que l'on n'a pas voulu porter atteinte au droit de propriété. Une exception remarquable existe cependant, mais dans un cas tout particulier. Elle suppose un esclave *statuliber*, c'est-à-dire un esclave affranchi sous condition dans un testament. Paul dans la loi 19, § 6, *h. t.* distingue selon que la condition se réalise après ou avant le retour de l'esclave. Si elle se réalise après, le *statuliber*, étant encore esclave à son retour à Rome, bénéficiera du *postliminium* et l'avènement de la condition le rendra libre ; si au contraire elle se réalise pendant la captivité de l'esclave, au moment où il est encore transfuge, il ne pourra comme tel jouir du *jus postliminii* ; l'héritier n'aura aucun droit de patronage sur lui ; il restera *servus pœnæ*.

CHAPITRE IV

DES EFFETS DU « POSTLIMINIUM ».

Le résumé des conditions moyennant lesquelles s'applique le *postliminium* montre assez que cette institution n'était pas d'un emploi courant; il fallait pour en jouir faire la preuve de bien des faits ou pour en faire bénéficier ses biens démontrer le droit absolu que l'on avait sur eux. Ces conditions, qui tout d'abord étudiées en elles-mêmes ont pu paraître excessives, ne sont que trop justes, si on considère qu'elles sont le préliminaire indispensable d'effets nombreux et importants; le *postliminium* a, comme on le verra, un domaine fort vaste qui touche à l'ensemble du droit romain. Nous devrons nous borner, pour ne pas dépasser le cadre de cette étude, à en examiner les effets sur les points principaux du droit, et, fidèle à la division adoptée, nous examinerons d'abord ceux du *postliminium* relatif aux personnes, puis ceux du *postliminium* relatif aux choses.

SECTION 1

Des effets du « postliminium » actif.

SOMMAIRE: Effets généraux et particuliers du postliminium. — 1. — Effets sur les « status libertatis et civitatis. » — Cas spécial où le

« *Pristinum jus suum reciperet* » dit Paul dans la loi 19, princip. Dig. XLIX, t. 15. Cette formule quelque peu laconique renferme à elle seule tous les effets du *postliminium.* Qualités, honneurs, dignités, toute son ancienne personnalité sont rendus au captif de retour. Bien plus le temps passé en captivité est compté au soldat comme période de service régulier ; mais il n'a droit ni à la solde ni à sa part de butin ; car ces privilèges n'appartiennent qu'à ceux qui sont en service régulier ; de même encore le temps de la servitude ne purge pas les condamnations dont il aurait pu être frappé avant son départ ; il subira à son retour la peine qu'il n'avait pas subie ; a-t-il par exemple été condamné à la déportation, il sera déporté (l. 12, § 15, *h. t.*). En effet, remarquons-le, si le captif reprend à son retour son état antérieur, il le reprend avec ses avantages et ses inconvénients ; le *postliminium* ne peut améliorer sa situation.

A côté de ces droits généraux, il y a un certain nombre de droits d'ordre privé qui étaient tenus en suspens par la captivité. Il s'agit de savoir ce qui advient de ces droits particuliers qui ont été possédés par le romain avant sa captivité et en général de toutes les relations juridiques où il se trouvait, soit comme ayant droit, soit comme obligataire, si toutefois elles n'ont pas pris fin dans l'intervalle par une autre cause que la captivité. C'est ce qu'il nous reste à rechercher.

Mais avant d'aborder les effets du *postliminium* produits dans le droit des personnes, notons que notre fiction s'applique aux droits publics comme aux droits privés. Les textes, il est vrai, sont rares sur le premier point, mais ils n'en existent pas moins ; ils sont presque tous relatifs au *servus pœnæ*, qui, tel avant son départ, redevient, par le fait de son retour, *servus pœnæ*.

I. — Effets du postliminium sur les « status libertatis et civitatis ».

Le romain · rapatrié rentre dans sa condition juridique

antérieure. Il rentre par suite dans la condition d'homme libre à laquelle il avait appartenu avant sa captivité. Etait-il ingénu ou affranchi, il redevient ingénu ou affranchi; mais, remarquons-le, devenu esclave par le fait de la captivité, il ne rentre pas dans la classe des hommes libres en qualité d'affranchi; la règle est qu'il redevient ce qu'il était auparavant; toute trace de l'esclavage qu'il a subi par force est effacée par son retour. C'est ce principe que Pomponius a formulé dans la forme à la fois la plus concise et la plus expressive par ces mots : « *in causam suam recidit* ». Le prisonnier rentre de droit dans sa condition juridique antérieure.

Il recouvre également sa qualité de citoyen romain; et encore ici, toujours en vertu de la même règle, il rentre directement dans la classe des citoyens. Il n'a pas besoin, pour recouvrer son titre, d'une réception nouvelle dans la *civitas*, comme ce serait nécessaire pour un étranger immigré ou pour lui-même s'il avait émigré. Son droit de cité renaît de lui-même, sans qu'il ait besoin de le redemander.

Nous ne devons pas insister davantage sur ce point; nous l'avons traité en détail dès le début de ce travail. Signalons cependant un résultat du *postliminium* aussi curieux qu'inattendu. Le *postliminium* ne servait pas seulement à faire recouvrer la qualité de citoyen romain, mais il pouvait encore la faire perdre. C'est l'hypothèse prévue par la loi 5 § 3, à notre titre. Elle suppose un *hostis* fait prisonnier par Rome; ce prisonnier devient esclave d'un romain; s'il l'affranchit, il devient citoyen romain. Vient-il maintenant à retourner dans sa patrie, aimant mieux cela que de rester à Rome, il redevient étranger *jure postliminii;* il perd du même coup la qualité de citoyen romain.

II. — Effets du postliminium sur le « status familiæ. »

Ce n'était pas seulement sur la vie publique du romain que le *postliminium* avait de l'influence, mais aussi sur sa vie privée : les institutions sur lesquelles repose la théorie de la famille en étaient plus ou moins atteintes : le mariage, la puissance paternelle, la tutelle, et à côté les droits successoraux et patrimoniaux devaient en ressentir les contre-coups.

§ 1. — *Du mariage.*

Le citoyen romain, lorsqu'il a été fait prisonnier, était marié *ex justis nuptiis* : Il revient à Rome. En face de cette hypothèse, il faut se demander si la captivité a rompu le mariage, et cela étant, si le lien conjugal est rétabli par l'effet du *postliminium?* La question ainsi posée a été controversée et a reçu une solution différente suivant les diverses époques du droit romain. Pour y répondre il faut distinguer si un seul des conjoints ou tous les deux sont faits prisonniers.

Un seul des conjoints a été réduit en captivité ; les textes supposent que c'est le mari. Paul répond dans la l. 1, Dig. XXIV, t. 2 : « *Dirimitur matrimonium divortio, morte, captivitate vel alia contingente servitute utrius eorum* » et Tryphoninus dans la loi 12, § 4 que nous avons déjà citée : « *Sed captivi uxor, tametsi maxime velit et in domo ejus sit, non tamen in matrimonio est.* » La captivité est donc dans le droit romain primitif et à l'époque classique une cause de dissolution du mariage. Ces textes sont précis et on ne saurait en contester l'authenticité.

La raison d'une pareille décision est uniquement fondée sur la nature particulière du mariage romain. A Rome, le mariage n'est pas une relation qui une fois valablement établie, est désormais assurée et indépendante de la volonté des conjoints ; l'idée d'un *vinculum matrimonii* absolument indissoluble ou du moins ne pouvant être dissous que dans certains cas légalement déterminés est étrangère au droit romain primitif. Selon les idées reçues, le mariage romain repose sur le consentement des époux manifesté par leur cohabitation, cohabitation dont le défaut amène aussitôt la dissolution du lien conjugal ; c'est un fait analogue à celui de la possession. Par l'effet de l'absence de l'un des époux, la continuation de la vie commune est devenue impossible ; or, le mariage n'étant « qu'un état, une manière de vivre, un rapport continu « entre deux existences (1) », il est dissous par le fait de la captivité.

A cette opinion on oppose un texte de Julien : « *Uxores* « *eorum, qui in hostium potestate pervenerunt, possunt vi-* « *deri nuptiarum locum retinere eo solo quod alii temere*

_____

1. Ortolan. *Explic. historiq. des Inst.* Tome II (édit. 1883) ; appendice II de M. Labbé : *De la nature du mariage.* Id. Accarias, *op. cit.*, I, 80.

« *nubere non possunt. Et generaliter definiendum est donec*
« *certum est maritum vivere in captivitate constitutum*
« *nullam habere licentiam uxores eorum migrare ad*
« *aliud matrimonium, nisi mallent ipsæ mulieres causam*
« *repudii præstare* » (l. 6, Dig. XXIV, t. 2). Ainsi la
captivité n'aurait pas pour effet de dissoudre le mariage.
Mais on admet généralement que ce texte a été interpolé :
il a été remanié par Tribonien et mis en harmonie avec
la législation de Justinien et le droit nouveau. Malgré
l'autorité de Ihering qui repousse toute idée d'inter-
polation nous croyons devoir adopter l'opinion ordinaire-
ment reçue ; c'est celle de Hase et de Bechmann. C'est
également celle de Lenel qui admet comme certaine l'in-
terpolation, sans même la discuter (1). Cela est d'autant
plus probable que toute la deuxième partie du fragment
provient sans nul doute des compilateurs. Ce qui est
présenté ici comme s'appliquant à l'époque impériale,
n'a été dit par Julien que pour l'époque classique.

Ainsi la captivité dissolvait le mariage. Il en résultait
que les enfants conçus pendant la captivité du mari étaient
des *spurii* ou *vulgo concepti*. La femme pouvait réclamer
la restitution de sa dot, à supposer qu'il y eut quelqu'un
contre qui elle put exercer sa poursuite. Si les anciens
conjoints, au retour du mari, veulent continuer la vie
commune il faudra un nouvel échange de paroles solennelles, un nouveau *consensus;* on se trouvera en pré-

1. Otto Lenel. — *Palingenesia juris Civilis.* Tome I, frag. 758, de
Julien, col. 469, note 3 ainsi conçue : « *Et generaliter... quæ se-
quuntur (ad finem usque fragmenti), Triboni sunt.* »

sence d'une seconde union et les conventions matrimo-
niales qui étaient attachées au premier mariage ne s'appliqueront pas à la nouvelle alliance.

Telle était, croyons-nous, la règle à l'époque classique ;
mais deux exceptions existaient très probablement dès
cette période. Il est certain que le mariage d'un patron
avec son affranchie était maintenu pendant la captivité
du patron, et cela *propter patronati reverentiam;* il suffit,
comme preuve, de rappeler la *lex Julia de maritandis
ordinibus,* d'après laquelle l'épouse affranchie ne pouvait
pas se séparer de son mari sans le consentement de celui-
ci. Une autre exception plus douteuse avait lieu quand
le mariage avait été contracté avec *conventio in manum ;*
la *manus* subsistait pendant la captivité. M. Gide affirme
l'existence de cette dérogation à la règle générale.

Si le mariage est dissous par la captivité de l'un des
conjoints, reprend-il au moins son existence lorsque ce
conjoint revient ? La réponse est donnée par la loi 14, §1
Dig. XLIX, t. 15 : « *Non ut pate. filium, ita uxorem
« maritus jure postliminii recipit sed consensu redintegra-
« tur matrimonium.* » Pour que la vie commune puisse
recommencer, il faudra donc un nouveau *consensus* de la
part de chacune des parties; cette solution que nous avions
indiquée par anticipation découle encore de la nature
toute spéciale du mariage romain primitif. Le Dr Bechmann donne la même solution, mais d'autres motifs. Partant toujours de l'idée que le *postliminium* ne repose sur
aucune fiction, il prétend qu'admettre la continuation
du mariage serait admettre une fiction inconciliable avec
la situation de fait donnée et qui n'aurait d'ailleurs au-

cuno valeur pratique; l'autre conjoint resterait libre d'accomplir la séparation quand il le voudrait.

Supposons maintenant que les deux conjoints aient été faits prisonniers en même temps. De deux choses l'une ou tous les deux reviennent à Rome ou un seul revient. Si tous les deux reviennent, un rescrit de Sévère et d'Antonin, au Code (l. 1, VIII, t. 51), décide que le mariage est censé avoir toujours existé, et que l'enfant conçu et né en captivité sera réputé né *ex justis nuptiis* et *in patris potestate*.

Ulpien en donne une application (l. 13, § 7, Dig. XLVIII, t. 5). Il dit que le mari pourra poursuivre sa femme pour adultère commis avec un ennemi; c'est d'ailleurs une décision exceptionnelle : « *Benignius dicetur posse adulterium accusare,* » Cette solution semble être seule exacte et logique. Bechmann cependant soutient que le *postliminium* n'a aucun effet ici et que le mariage est dissous parce que tout ce que le captif accomplit pendant la captivité ne devient pas valable après coup *jure postliminii*. Nous croyons que l'auteur allemand commet ici une erreur : il faut en effet faire une distinction. L'extension du *postliminium* ne s'applique pas, et en cela nous sommes d'accord avec lui, au cas où le prisonnier contracte un mariage pendant la captivité, ni au cas où son épouse l'a suivi de son bon gré dans la captivité; mais toutes les fois que les deux conjoints ont été faits prisonniers ensemble, le mariage continue de subsister ; c'est encore une décision de faveur si l'on veut, mais elle s'impose.

Si au contraire un seul des époux revient à Rome, le

mariage sera dissous, car le conjoint de retour se trouve dans la même situation que celui qui est toujours resté dans sa patrie ; la solution doit être identique à celle de notre première hypothèse, et les enfants seront nés hors mariage.

Telles étaient à l'époque classique les diverses exceptions ; le principe n'en restait pas moins intact, la dissolution du mariage. La règle ainsi comprise était excessive. Le Christianisme devait l'adoucir. L'empereur Constantin le premier décréta (l. 7, cod. V, t. 17) que la femme d'un captif qui pendant quatre ans n'aurait reçu de lui aucune nouvelle, pourrait, mais seulement alors, contracter après ce délai une seconde union, sans être exposée à perdre sa dot ou à subir un châtiment quelconque ; elle devait toutefois informer de son intention le général de son mari. Cette législation fut légèrement modifiée par Justinien. Dans la Novelle 22, il décide que la femme, sauf à fournir la preuve d'une répudiation, ne peut contracter un nouveau mariage tant que l'existence du mari est certaine. Lorsqu'elle devient incertaine, du jour où commence cette incertitude court un délai de cinq ans (*quinquennium*), à l'expiration duquel le conjoint peut se remarier. Justinien voit dans ce fait un *divortium bona gratia*. Quelque temps après, le délai de cinq ans fut porté à dix ans, et la femme dut informer le captif de son intention de convoler en secondes noces. Si le prisonnier renonçait expressément au mariage contracté avant sa captivité, ou s'il gardait le silence, elle devait alors faire connaître son intention au chef de son mari ; dans ce cas elle pouvait contracter une deuxième union sans encourir les peines édictées contre ceux qui se remariaient témérairement. Les seconds mariages devenaient donc de plus en plus difficiles. Justinien augmenta encore cette difficulté, en décidant que, quelque longue que fût l'absence du mari, la femme ne pourrait se remarier sans être sûre de sa mort ; elle devait à cet effet obtenir de ses chefs le serment de son décès et attendre encore un an sous peine d'encourir les peines de l'adultère. L'officier qui aurait fait une fausse déc'aration sera dégradé et paiera une amende de dix livres d'or au soldat dont il aura faussement affirmé la mort. Celui-ci sera libre de reprendre sa femme, ou de l'abandonner si elle s'est remariée.

Malgré ces innovations, Justinien n'a point poussé le principe jusqu'au bout ; la rétroactivité du mariage au jour de la captivité n'est pas absolue. Il faut aller jusqu'à Léon le Philosophe pour la trouver. Il exigea que la femme du captif, si elle voulait se remarier, fît la preuve complète de la mort de son mari.

Alors seulement on peut dire que la captivité n'était plus une cause de dissolution du mariage.

§ 2. — *De la puissance paternelle.*

Le point à propos duquel la situation juridique du citoyen et ses droits particuliers se confondent le plus, c'est sans contredit la relation de puissance. Aux yeux des Romains la puissance familiale n'apparaît pas comme une simple relation entre deux personnes, mais comme une qualité juridique de l'individu, partie intégrante de son *status.* Si donc en vertu du *postliminium* l'ancien *jus* renait, cette rétroactivité ne se rapporte pas seulement à la liberté, à la cité, au mariage, mais également à la qualité de père ou de fils de famille.

Trois hypothèses peuvent se présenter : ou bien c'est le *paterfamilias* qui est tombé entre les mains de l'ennemi, ou bien c'est un *filiusfamilias*, ou enfin tous les deux sont devenus captifs.

La première hypothèse, celle de la captivité du *pater-familias*, comprend une double question : le père, de retour à Rome, recouvre-t-il la *patria potestas* sur ses enfants? et quel est le sort du fils pendant la captivité de son *paterfamilias?*

Le père de retour à Rome recouvre-t-il la *patria potestas?* L'affirmative ne saurait faire de doute. Il reprend, grâce au *postliminium,* tous les droits qu'il possédait lors de son départ; il reprend donc cette puissance et cela non-seulement sur les enfants qu'il avait avant sa captivité mais aussi sur ceux qui sont nés pendant. Julien dans la loi 23 Dig. XLIX, t. 15, suppose un citoyen fait prisonnier et laissant sa femme enceinte; celle-ci peu de temps après met au monde un fils qui lui-même se marie plus tard et a des enfants. Le *paterfamilias* reprend sur son fils et ses petits-enfants sa *patria potestas,* tout comme si son fils fut né alors qu'il était encore libre : « *Ac tunc postliminio avus reversus fuerit, omnia jura, nepotis nomine, perinde capiet, ac si filius natus in civitate fuisset.* »

Quel est de son côté le sort du *filiusfamilias* pendant la captivité de son *pater?* Il faut se demander si la puissance paternelle a cessé d'une façon complète pendant l'absence du père ; en un mot, si le fils est devenu *sui juris* ou bien si son état est resté en suspens ? Cette question a été l'objet de vives controverses entre les jurisconsultes romains ; elle a également attiré l'attention des commentateurs modernes.

Ulpien nous dit d'une façon formelle que l'état du fils restait en suspens : « *Quamdiu apud hostes est, patria potestas in filio ejus interim pendebit, et, cum reversus fuerit ab hostibus, in potestate filium habebit* » (*Regulæ*, X, § 4). Gaïus s'exprime en des termes analogues : « *Quod si ab hostibus captus fuerit parens, quamvis servus interim hostium fiat, pendet jus liberorum propter jus postliminii* » (I, § 129). Ces textes semblent concluants ; cependant on leur oppose deux autres fragments. L'un est de Paul dans ses Sentences (II,t.25,§1). « *Pater ab hostibus captus desinit habere filios in potestate* » ; l'autre de Tryphoninus (l. 12,§ 3, Dig.XLIX t. 15) : « *Medio tempore filius, quem habuit in potestate captivus, uxorem ducere potest, quamvis consentire nuptiis pater ejus non posset.* » De ces deux textes le premier n'envisage pas le côté juridique, mais seulement un fait ; quant au second, la règle qu'il donne ne doit être considérée que comme une exception dictée par des considérations d'ordre public : « *quia illius temporis conditio necessitasque faciebat et publica nuptiarum utilitas exigebat* » avoue le jurisconsulte lui-même *in fine*.

Nous nous rallions à la théorie d'Ulpien et de Gaïus, d'autant plus qu'elle est corroborée par plusieurs autres décisions. Il est certain que l'on ne donnait pas un tuteur au fils du captif, mais seulement un curateur aux biens ; c'était

dire implicitement que la puissance paternelle est en suspens *pendente captivitate.* De même la loi 1 § 10, Dig. XIV,
t. 6, nous apprend que le fils, qui a emprunté pendant
l'absence de son père, pourra opposer au préteur l'exception du sénatusconsulte Macédonien : « *Interim igitur deneganda est actio.* » C'est donc bien qu'il est resté
alieni juris. S'il fallait multiplier les preuves, nous en
trouverions encore une dans la nullité du mariage contracté par le fils en l'absence du père. *Alieni juris,* l'enfant en puissance ne pouvait, du moins à l'origine, con-
sentir lui-même à son mariage; l'autorisation du *paterfamilias* était indispensable. Il en résultait que si le *pater*
mourait chez l'ennemi, le mariage qui aurait été contracté sans son consentement était valable, puisque ses
descendants étaient réputés être devenus *sui juris* à partir de la captivité; revenait-il au contraire dans sa maison, il était censé avoir toujours conservé la *patria potestas,* et le mariage auquel il n'aurait pas donné son approbation, était nul. Si telle était la règle primitive, les résultats en parurent excessifs. Les interprètes du droit
romain admettent en général que de bonne heure pour les
filles le mariage fut considéré comme valable, car elles
sortaient de la famille en se mariant. Quant au fils c'était
plus douteux, car le *paterfamilias* est libre de composer
sa famille comme il l'entend et personne ne peut lui imposer un héritier sien : « *invito nemini heres suus acqui-
ritur.* » Toutefois la faveur dont jouissaient à Rome les
mariages devait faire fléchir le principe; dès lors le texte
de Tryphoninus (1. 12, § 3, Dig. XLIX, t. 15) que l'on invo-
quait tout à l'heure contre nous, s'explique parfaitement :

il donne la solution admise à l'époque classique. Il nous apprend en effet que l'intérêt de l'enfant joint à l'intérêt public fit reconnaître la validité du mariage ; l'enfant ne doit pas souffrir du malheur qui a frappé son père, et d'ailleurs, dit-il subtilement en justifiant sa théorie par un argument qui sert souvent à tirer d'embarras les juristes : si le père ne consent pas, il ne contredit pas non plus : « *nam utique nec dissentire.* » Ajoutons enfin que à partir de Justinien le fils d'un citoyen tombé en captivité ne pouvait se marier librement qu'après trois ans écoulés depuis le jour de la servitude. Si tel est le dernier état du droit, il n'en est pas moins acquis que au début le *filiusfamilias* restait *alieni juris* pendant l'absence du *paterfamilias*.

Bechmann combat vigoureusement notre théorie. Pour lui, dans l'ancien droit du moins, le fils, par suite de la captivité du père, se trouvait soustrait à la puissance paternelle et vivait pendant l'intervalle comme un homme non sujet à puissance. Il en résulterait que pendant ce temps le fils devient capable de possession, que ses enfants légitimes sont sous sa *potestas*. Il y aurait là d'après l'auteur allemand non pas une situation *indécise*, mais une situation *intérimaire*. Par suite du retour du père, la puissance de ce dernier revit et le fils avec ses enfants retombent sous son autorité. Il y aurait là un cas où une condition qui a existé pendant un certain temps à titre parfaitement légal, et par suite effective, se trouve annulée par un évènement qui survient postérieurement, mais dont la possibilité est prévue dès le principe et existe en germe. Pour Bechmann, le fils est, pendant l'absence du père, dans une situation spéciale ; il n'est ni *paterfamilias* ni *filiusfamilias* ou plutôt il n'est pas encore l'un et n'est déjà plus l'autre. Pour mieux faire comprendre son idée, il prétend que l'ancien droit fournit un parallèle à la condition du fils en cette hypothèse, c'est celle du fils de famille donné en *mancipium*. Il les compare et arrive au résultat suivant : on sait que le *filiusfamilias* n'est soustrait à la puissance paternelle que par la troisième mancipation ; or, entre la première et la deuxième mancipation, quel est le sort du fils au regard du père ? Il ressort du § 132 du commentaire I de Gaïus que pendant cet intervalle la puissance paternelle n'est pas suspendue, mais bien annulée ; Gaïus appelle l'effet résultant de la libération *ex primo vel secundo mancipio* « retour », « revertitur » sous la puissance paternelle ; c'est donc admettre qu'elle a disparu pour renaître, comme elle renaît dans notre hypothèse quand le père revient.

Nous devons avouer que ce rapprochement est ingénieux ; mais est-il concluant ? Nous ne le pensons pas, et voici pourquoi. Il est en contradiction directe avec un autre texte de Gaïus (I, § 135) d'après lequel l'enfant procréé par le fils pendant le premier et le deuxième *mancipium* tombe de droit sous la puissance du grand-père ; or ceci semble présupposer que la puissance de ce dernier n'est pas éteinte pendant le deuxième *mancipium*, mais seulement endormie. Nous maintenons donc l'opinion donnée dès le début : le fils de famille reste en puissance tant que dure la captivité du *paterfamilias*, mais si celui-ci meurt chez l'ennemi, il est réputé *sui juris* du jour de la captivité.

La deuxième hypothèse est celle où c'est le fils, et non plus le père, qui est réduit en captivité. Le père conserve-t-il sur lui la *patria potestas?* La captivité du fils produit les mêmes effets que ceux du *paterfamilias ;* elle laisse les droits du père en suspens, et, dès son retour, le fils rentre sous l'autorité de son chef de famille, ainsi que ses enfants légitimes, comme s'il n'avait jamais été fait prisonnier; c'est ce que dit Gaïus dans le paragraphe 129 du Commentaire I : « *Ipse quoque filius neposve si ab hostibus captus est, similiter dicimus propter jus postliminii potestatem quoque parentis in suspenso esse* ». La loi 13, Dig. XLIX, t. 15, nous fournit une démonstration directe de ce principe : « *Si me tibi adrogandum dedissem, emancipato me, reversum ab hostibus filium meum loco nepotis tibi futurum constat.* » Si pendant la captivité du fils, le père se donne en adrogation à un tiers qui l'émancipe ensuite, le fils de retour tombe sous la puissance de l'adrogeant. On aurait pu douter d'une pareille solution, car le fils n'a en réalité jamais été sous la puissance de l'adrogeant; et cependant elle s'impose, car si le fils fut resté à Rome, il serait tombé avec son père sous la puissance de ce tiers; or, en vertu du *postliminium,* il est censé n'avoir jamais été captif; tout se passera donc comme s'il était resté tout le temps dans sa patrie.

Reste enfin la troisième situation : c'est le cas où le *paterfamilias* et le *filiusfamilias* sont l'un et l'autre réduits en servitude. Un mot suffit pour dire ce qui se passe dans ce cas : la puissance paternelle subsiste à l'égard du père comme à l'égard du fils, s'ils reviennent tous les deux ; si le père revient seul, il reprend la *patria po-*

testas sur les autres membres de la famille ; si le fils revient seul, il est réputé *paterfamilias* du jour où son *pater* est tombé en captivité.

§ 3. — De la tutelle.

A la puissance paternelle se rattache la tutelle. Il faut distinguer la captivité du tuteur de la captivité du pupille.

Supposons d'abord la captivité du tuteur. Celui qui est en captivité ne peut pas évidemment être appelé à gérer une tutelle ; il y a lieu dans ce cas non pas à une tutelle intérimaire, mais à une délation de tutelle dans l'ordre de la loi. Tout autre est le cas de celui qui étant déjà tuteur tombe en captivité. La tutelle est une charge publique et pour l'exercer il faut être citoyen le tuteur fait prisonnier de guerre perd donc la gestion des intérêts du pupille. Pendant cette captivité, comme on peut espérer son retour, on ne le remplace pas d'une façon définitive par un tuteur légitime ; on nomme un tuteur provisoire selon la *lex Atilia* pour Rome, ou la *lex Julia et Titia* pour les provinces. Si donc le tuteur revient, la tutelle lui sera rendue, car, en vertu du *postliminium*, elle sera censée n'avoir jamais été interrompue. Une nouvelle délation ne sera donc pas utile. Comme le dit fort bien Bechmann, la tutelle renaît comme droit et comme devoir avec effet rétroactif, en ce sens qu'entre la tutelle antérieure et la reprise de la tutelle il existe un rapport de continuité légale. Il en résulte que le pupille ne pourrait lors du départ de son tuteur intenter contre lui l'*actio tutelœ di-*

recta pour lui demander une reddition de compte, et que les fidéjusseurs qui garantissent la solvabilité du tuteur ne peuvent être encore poursuivis.

Il est à peine utile de dire que, si les biens du pupille étaient gérés par plusieurs tuteurs et si l'un d'eux était pris par l'ennemi, ceux qui restaient à Rome administraient seuls. C'est d'ailleurs en vue de cette circonstance que souvent plusieurs tuteurs étaient nommés.

Telles sont les solutions auxquelles le jeu de la fiction postliminienne conduit ; mais elles se heurtent à un texte d'Ulpien qui, disons-le de suite, est la source d'une difficulté insoluble. C'est la loi 15 Dig. XXVI t. 1 ainsi conçue : « *Si quis tutor non sit captus ab hostibus, sed missus ad eos quasi legatus, aut etiam receptus ab eis, aut transfugerit ; qui a servus non efficitur, tutor manet ; sed interim a præsidibus alius tutor dabitur.* » Le transfuge conserverait donc la tutelle ; n'est-ce point là le contraire de la règle que nous venons de poser ? Cujas explique cette loi en disant que le transfuge ne perdant pas la cité peut continuer la tutelle (1), mais cette interprétation tombe devant un texte des Institutes : « *Sed et capitis deminutione tutoris, perquam libertas vel civitas ejus amittitur, omnis tutela perit* » (Inst. I, t. 22, § 4). Hase soutient que le fragment d'Ulpien a seulement en vue le cas d'un embassadeur, et non celui d'un transfuge. Dans l'état actuel du texte, nous croyons qu'on ne saurait donner une solution satisfaisante, et qu'il a en vain exercé la patience des commentateurs.

1. Cujas.— Observat. IV, 0.

Si l'on suppose maintenant que le captif est le pupille et non plus le tuteur, le même résultat s'impose. La captivité du pupille suspendra la tutelle qui reprendra rétroactivement son cours, si le pupille rentre dans sa patrie. Il faudra toutefois qu'il revienne avant la puberté, autrement il n'y aurait plus de tutelle. Pendant la durée de son séjour chez l'ennemi ses affaires continuent à être gérées par le tuteur, mais *honorum causa*.

§ 4. — *Des droits successoraux.*

Lorsqu'un citoyen vient à mourir, sa personne physique disparaît, mais son patrimoine ne périt pas avec lui. Sous le nom d'*hereditas*, il va passer à un nouveau propriétaire, l'héritier, qui remplacera le défunt dans la souveraineté domestique qu'il exerçait sur les biens, qui perpétuera son culte privé, qui en un mot sera le continuateur de sa personne. La captivité doit-elle être assimilée à la mort en ce cas particulier? Quels en sont les effets sur les droits successoraux? Laissant de côté l'hypothèse régie par la loi Cornélia où le captif décède chez l'ennemi, il suffit d'examiner ce qui se passe quand il revient dans sa patrie, de se demander quel est le sort de son patrimoine pendant sa captivité et celui de l'hérédité qui pourrait lui être dévolue pendant la même période.

1. *Hérédité du captif.* — Il peut être parti sans avoir eu le soin de faire un testament. Dans ce cas le sort de sa succession *ab intestat* ne soulève aucune difficulté. Le captif est censé avoir toujours été présent; son absence

n'a donc rien changé aux droits de ses héritiers. La succession s'ouvrira d'après les principes du droit commun. A son décès, mais seulement alors, ses héritiers légitimes lui succéderont comme s'il n'était jamais tombé au pouvoir des ennemis, soit d'après la loi des XII Tables ou le droit prétorien, soit d'après la législation impériale ou celle des Novelles 118 et 127 selon les époques.

Si au contraire il existe un testament, la situation est plus délicate à réglementer, car le citoyen a pu tester avant, pendant ou après sa captivité.

Supposons d'abord qu'il ait testé avant sa captivité. D'après le droit civil, le testament devient *irritum* par l'effet de la *capitis deminutio* du testateur encourue après la confection, car le testament doit être un acte de volonté persistante et qui cesse d'être telle quand la personnalité du testateur a changé. La captivité est une cause de *capitis deminutio;* le testament deviendra donc *irritum ;* mais il revivra *jure postliminii.* En d'autres termes le sort du testament fait avant de tomber aux mains des ennemis est tenu en suspens ; à un autre point de vue, on peut dire qu'il est valable sous la condition suspensive du retour du captif. Si donc celui-ci revient à Rome, ses dispositions de dernière volonté auront la même valeur qu'elles avaient lors de son départ : « *Si is qui testamentum fecit ab hostibus captus sit, testamentum ejus valet, si quidem reversus fuerit, jure postliminii* » dit Ulpien (*Regulæ* XXIII, § 5). D'autre part, la captivité du fils n'a aucune influence sur la validité du testament fait par le père. Le fils doit à son retour être traité comme s'il n'avait jamais quitté Rome ; en conséquence s'il a été exhérédé, il restera exhérédé, et inversement si le fils qui revient a été omis dans le testament du père, le testament est *injustum*, il n'est pas *ruptum*, bien que le fils eût été déjà captif au moment de la confection du testament, car il est rétroactivement considéré comme n'ayant jamais été réduit en servitude. Enfin le testament sera *inofficiosum*, et comme tel susceptible de la *querela inofficiosi testamenti* si le père a dépouillé sans justes motifs un héritier légitime qui aurait été fait captif.

Le citoyen a omis de tester avant sa captivité ; il teste plus tard alors qu'il est aux mains ennemies. Que vaut son testament ? « *Ejus, qui apud hostes est, testamentum quod ibi fecit non valet, quamvis redierit,* » dit Gaïus (l. 8, Dig. XVIII, t. 1). Il est toujours nul. La raison en est simple. Le captif est devenu esclave, et l'esclave ne peut valablement tester, Son retour ne peut valider son testament car le *postliminium* n'a pas le pouvoir de lui rendre pour le passé la *testamenti factio* active ; d'ailleurs le testament est nul de naissance, et l'on sait qu'en vertu de la règle Catonienne un acte nul à l'origine ne peut dans la suite devenir valable, la cause de nullité vint-elle à disparaître : « *quod ab initio vitiosum est, non potest tractatu temporis convalescere.* »

Si telle est la règle, elle est sans contredit rigoureuse. Ne pouvait-on pas relever le captif d'une incapacité aussi absolue ? Il y avait un moyen, c'était de lui permettre de tester chez l'ennemi dans la forme militaire, mais aucun texte ne l'y autorise, au début du moins. Il y a cependant un fragment, la loi 44, Dig. XXIX, t. 1, qui dit que les Constitutions Impériales ont permis à ceux *qui in hostico solo deprehendantur* de tester *jure militari*. Nous pensons que ce texte d'Ulpien ne s'applique pas aux captifs ; il vise seulement des personnes quelconques qui, se trouvant sur le champ de bataille au milieu des ennemis, sur le point d'être prises ou tuées par eux, veulent faire un testament ; les empereurs décidèrent, *humanitatis causa*, que les testaments faits dans ces conditions seraient valables, quoique leurs auteurs ne fussent pas des soldats. Tout ce qu'on peut dire c'est que l'empereur Léon le Philosophe affranchit, mais en partie seulement, le captif de la nécessité souvent fort dure où il se trouvait de mourir *ab intestat*. Dans sa Novelle 40 il permit au prisonnier de tester pendant sa captivité ; mais il subordonna cette faculté à plusieurs conditions. Celui qui voulait tester devait le faire en présence de trois témoins ; il devait, s'il laissait des enfants ou des descendants, les appeler tous à sa succession sans attributions de parts ; à leur défaut seulement, il pouvait instituer des étrangers ; ajoutons qu'il ne pouvait jamais faire aucune disposition en faveur des ennemis au pouvoir de qui il se trouvait.

Un autre adoucissement fut apporté à la condition du captif en ce qui concerne son droit de tester. En principe tout codicille fait pendant la captivité est nul comme le testament, car celui-là seul peut faire un codicille qui peut faire un testament ; c'est ce qu'établit Marcien dans la loi 7, *princ.* Dig. XXIX, t. 7 ; mais Tryphoninus au contraire décide, toujours par raison d'humanité, que le codicille fait par le captif *apud hostes* est valable, à la condition qu'il soit confirmé par le testament fait au retour de la captivité (l. 12, § 5. Dig. XLIX, t. 15). Il est probable que la solution de ce dernier juriste l'emporta en pratique, quoiqu'elle fut contraire au droit strict ; mais elle était conforme à l'équité.

Dernière hypothèse enfin qui ne soulève aucune difficulté : le captif a testé une fois de retour. Grâce à la fiction postliminienne, il est censé n'avoir jamais été esclave; il pourra donc faire son testament d'après les règles du droit commun, comme tout citoyen pourrait le faire.

2. *Hérédité dévolue au captif.* — Il ne suffit pas d'examiner la question de savoir si un captif peut valablement laisser des héritiers *ab intestat* ou *testamentaires,* il faut aussi envisager le cas inverse et voir si un captif est susceptible de recevoir une succession qui lui échcoit. Plusieurs hypothèses doivent être distinguées.

Premier cas : Si la succession dévolue a été ouverte et si l'institué a fait adition avant la captivité, il n'y aura aucune difficulté : citoyen, homme libre, ayant la *testamenti factio* passive, il recueillera la succession.

Si, en second lieu, l'adition n'a pas précédé la captivité, sans aucun doute le captif ne peut y procéder pendant la captivité ; mais il est non moins certain que s'il revient il pourra faire adition à son retour. Les textes en font foi; ainsi Gaïus (l. 32, § 1, Dig. XXVIII, t. 5) dit : « *Is qui apud hostes est recte heres instituitur quia jure postliminii omnia jura civilatis in personem ejus in suspenso retinentur, non abrumpruntur* », et il ajoute : « *Itaque si reversus fuerit ab hostibus, adire hereditatem poterit.* » La fin du texte prévoit le cas particulier où c'est un esclave du captif qui a été institué ; à son retour il pourra donner l'ordre à l'esclave de faire adition : « *Servus quoque ejus recte heres instituitur, et si reversus sit ab hostibus potest eum jubere adire hereditatem.* » Notons que ces mêmes règles s'appliquent aux legs et aux successions *ab intestat.*

Reste une troisième hypothèse : une succession est dévolue au captif pendant qu'il est sur le sol ennemi. Cette dévolution est-elle efficace et le captif peut-il recueillir la succession à son retour? Pour répondre il faut peut-être distinguer à quel ordre d'héritiers appartient le captif, s'il est un *heres suus et necessarius,* ou simplement *heres necessarius,* ou *heres voluntarius seu extraneus.*

Le droit romain a toujours admis que par l'effet du *postliminium,* les droits du captif étaient tenus en suspens pendant la durée de la captivité, mais non perdus. Si donc le captif est un héritier sien et nécessaire, c'est-à-dire placé sous la puissance immédiate du défunt, il pourra s'il revient recueillir l'hérédité et faire adition. C'est ce qui est confirmé par la loi 1, § 4, Dig. XXXVIII, t. 16, et ceci est si vrai que, même pendant la captivité, les autres héritiers ne peuvent succéder à sa place : « *Quod si filius apud hostes sit, quamdiu vivit, nepotes non succedunt.* » C'est encore ainsi que la présence d'un fils chez l'ennemi empêchera les agnats du *paterfamilias* de demander la *bonorum possessio unde legitimi.*

Pour celui qui est simplement *heres necessarius,* comme l'esclave qui est institué par son maître et qui est en même temps affranchi par le testament de celui-ci, il pourra à son retour faire adition, car il sera un homme libre, et si la succession est mauvaise, il endossera l'infamie de la *bonorum venditio.*

Enfin si le captif est un *heres extraneus*, il pourra faire adition après son retour à la succession qui lui est échue pendant sa captivité ; mais comme il est étranger à la *familia* sur laquelle s'exerçait la souveraineté du *pater*, il pourra, au lieu de faire adition, répudier. Le droit du captif est énoncé formellement par la loi 32 de Gaïus, que nous citions il n'y a qu'un instant, et cependant certains commentateurs le lui refusent. Bechmann, entre autres, prétend que le captif ne peut avoir la *testamenti factio* passive, pas plus qu'il n'a la *testamenti factio* active pendant qu'il est hors de sa patrie. L'institution d'un prisonnier de guerre ne serait autre chose que l'institution comme héritier de quelqu'un qui manque de la capacité d'héritier, sous la condition qu'il devienne capable dans la suite ; or, une pareille institution est manifestement nulle. Pour Bechmann d'ailleurs le texte de Gaïus a été interpolé, et le jurisconsulte a voulu dire ceci : un prisonnier ne peut pas être institué héritier, mais la succession peut être recueillie quand même par lui grâce à l'institution de l'esclave, pourvu toutefois qu'il revienne *postliminio*. Nous croyons que le texte de Gaïus est parfaitement exact, et qu'il prévoit deux hypothèses bien distinctes : celle où c'est le maître qui est institué directement, et celle où c'est l'esclave pour le maître ; dans l'un comme dans l'autre cas, l'adition, impossible pendant la captivité, le deviendra quand celle-ci aura pris fin.

§ 5. — *Des droits patrimoniaux.*

Ce ne sont pas seulement les droits successoraux sur lesquels le *postliminium* agit ; d'autres droits pouvaient entrer dans le patrimoine du citoyen, droits actifs et droits passifs. Il nous reste donc à examiner de quelle façon le patrimoine peut être augmenté ou diminué pendant la captivité de son propriétaire, c'est-à-dire passer en revue les diverses conditions juridiques qui peuvent le modifier : possession, propriété, créances, dettes, etc.

1. *Augmentations survenues au patrimoine du captif pendant son séjour chez l'ennemi.* — A son retour, le captif reprend *jure postliminii* tous les biens qu'il avait laissés à son départ; il prend de plus tous ceux qui lui ont été acquis pendant son absence par les personnes en sa puissance : « *Apparet ergo eadem omnia pertinere ad heredem ejus, quæ ipse, qui hostium potitus est, habiturus esset, si postliminio revertisset* » (l. 22, § 1 Dig. XLIX, t. 15). Il recueille d'abord les legs qui lui auront été faits, puis le bénéfice des stipulations accomplies par les fils de famille ou les esclaves. Mais ici il faut faire une distinction : si les stipulations ont été faites *nominatim* pour le *pater-familias* par le fils ou l'esclave, elles seront nulles, car ils n'ont pu stipuler en son nom ; mais elles seront valables si elles ont été faites *simpliciter* et profiteront au captif. Réciproquement l'acceptilation reçue par un esclave en son nom mais pour son maître est valable : « *Sed et si dominus apud hostes sit, dicendum est jure postliminii confir-*

mari acceptilationem » dit Paul dans la loi 11, § 3. Dig. XLVI, t. 4.

Ce n'est pas seulement par son esclave ou son fils de famille que le *paterfamilias* captif peut acquérir; il le peut encore par l'esclave d'autrui et par celui sur lequel il n'a qu'un droit d'usufruit, par l'homme libre *in mancipio* et celui qu'il possède de bonne foi, par la femme *in manu* enfin, mais seulement avant Justinien; les Institutes en font loi (II. t. 9, *princ.*).

Toutes ces acquisitions, de quelque façon qu'elles s'effectuent, augmentent le patrimoine du *paterfamilias;* ce sera donc lui qui en profitera, s'il revient; mais s'il meurt chez l'ennemi, qu'en résultera-t-il ? Nous savons qu'en vertu de la *lex Cornelia*, le *pater* est censé mort le jour où il est entré en captivité; il suit de là que ce sera l'héritier du *paterfamilias* qui profitera de l'augmentation du patrimoine; à défaut, le fisc. Si c'est le fils qui est héritier, les acquisitions faites par lui en personne, lui resteront propres, même s'il est exhérédé ou institué seulement pour partie. D'autre part, si le fils meurt pendant la captivité de son père et avant lui, ce sera l'héritier du *pater* et non celui du fils qui profitera de l'acquisition; si au contraire le père meurt avant son fils chez l'ennemi, et que le fils vienne à mourir peu de temps après, ce sont les héritiers personnels du fils et non ceux du père qui profiteront des augmentations survenues au patrimoine, car le fils est réputé être mort *sui juris*, et comme tel chef du patrimoine.

Quand le patrimoine du captif défunt était un pécule castrans ou quasi-castrans, ou un pécule adventice, quelle était la valeur de la stipulation faite à leur sujet par un esclave du pécule ? — Les jurisconsultes romains n'étaient pas d'accord sur ce point ; deux textes en particulier se contredisent : l'un est d'Ulpien, c'est la loi 33 pr. Dig. XLI, t. 1 ; l'autre de Papinien, c'est la loi 14, § 1, Dig. XLIX, t. 17. Ulpien affirme que la stipulation de l'esclave sera valable, quel que soit le parti que prenne l'héritier du captif, qu'il fasse adition ou qu'il répudie la succession. En effet, au cas d'adition, l'esclave est censé avoir été *servus hereditarius* et comme tel pouvait valablement stipuler ; au cas de répudiation, la situation est la même, car l'esclave est censé avoir toujours fait partie du patrimoine du *paterfamilias* et en cette qualité pouvait stipuler pour son maître. Papinien est d'un avis contraire ; pour lui la stipulation est et reste nulle, que l'héritier institué fasse adition ou qu'il répudie la succession : « *Quod servus interim stipulatus est, nullius momenti videtur.* » En effet, tant que l'héritier n'a pas accepté, il n'y a pas d'hérédité proprement dite ; si les Constitutions Impériales ont permis aux fils par faveur spéciale de disposer par testament de leur pécule, elles n'en ont pas fait une hérédité complète ; jusqu'à l'adition, il n'y a pas de succession, il n'y a qu'un pécule ; l'esclave n'était pas un *servus hereditarius* et par suite ne pouvait faire une stipulation valable.

Si l'on admet la solution d'Ulpien, il faudra décider que les legs faits à l'esclave du pécule pendant la captivité du *filiusfamilias* seront acquis à l'héritier institué qui fait adition, et, à son défaut, au *pater* auquel le pécule fait retour « *legatum quod et servo relictum, omisso testa-*

mento, patri per servum adquiritur. » Nous croyons préférable de l'adopter.

2. *Possession et usucapion.* — La possession est à la fois un fait et un droit qui demande pour s'exercer la réunion de deux éléments chez le possesseur : le *corpus* et l'*animus*. On peut supposer que le captif veuille acquérir une nouvelle possession pendant sa captivité, ou continuer celle qui a commencé avant son départ de Rome ; le peut-il ? Un mot suffit pour résoudre la première hypothèse : le captif ne peut évidemment avoir le *corpus*, il ne peut donc acquérir une possession juridique pendant son séjour chez l'ennemi. Quant à la deuxième hypothèse, elle demande quelques explications.

Régulièrement la possession de fait est perdue, mais non pas d'une façon absolue ; c'est ainsi que le prisonnier continue à posséder, mais de fait seulement, ce qu'il emporte avec lui dans la captivité et qu'on lui laisse ; ce n'est pas de cette possession dont il s'agit ici, et nous avons seulement à nous demander s'il peut continuer la possession de droit qu'il a commencée avant de tomber en servitude. Il ne le peut pas. Il perd par son absence la possession qu'il avait sur une chose et il ne la recouvrera pas à son retour. La raison en est simple : des deux éléments sur lesquels repose la possession, le captif peut bien conserver l'*animus*, l'intention de posséder, mais par la force même des choses, il perd le *corpus* et dès lors la possession, qui ne saurait exister sans lui. La captivité est donc une cause d'interruption de la possession. A son retour, le captif devra commencer une nouvelle possession ; la faculté de posséder revit, mais pas avec effet rétroactif, comme le dit Bechmann ; car la perte d'une condition en elle-même purement matérielle ne peut pas par effet rétroactif être considérée comme non avenue. Ce qui est possible c'est une seconde possession, mais non sa simple continuation. Au surplus ces solutions sont données par Javolénus : « *Neque enim possunt videri aliquid possidere, quum ipsi ab alio possideantur :* » et encore : « *Sequitur ergo ut reversis his nova possessione opus sit, etiamsi nemo medio tempore res eorum possiderit* » (L. 23, § 1. Dig. XLI, t. 2).

De ce que le captif avait perdu définitivement la possession, il résultait logiquement qu'il ne pouvait pas usucaper pendant son séjour *apud hostes*, puisqu'un des éléments essentiels de l'usucapion, la possession, faisait défaut. En conséquence d'abord, il ne pouvait commencer à usucaper pendant qu'il était chez l'ennemi ; ensuite s'il avait commencé à usucaper avant son départ, l'usucapion était interrompue par la captivité et il devait la recommencer à son retour comme s'il n'avait jamais possédé. Toutefois il semble que la *causa possessionis* n'avait pas besoin d'être renouvelée et que par suite pour usucaper, la bonne foi n'était pas exigée après le retour. Mais c'est là un point douteux. Le doute vient de l'interprétation donnée à la loi 44, § 2, Dig. XLI, t. 3. Papinien suppose d'un côté une esclave enceinte, et d'autre part un esclave captif ; le possesseur était de bonne foi, quand il a commencé à posséder l'*ancilla prœgnans* ou le *servus ;* mais il est devenu de mauvaise foi *ante editionem* ou *ante reditum.* Si l'hypothèse est nette, il n'en va pas de même pour la solution. Pour Accurse et Bartole, elle varie sui-

vant le cas : dans le cas de l'esclave enceinte, le possesseur de bonne foi *ante editionem*, conserve la possession,
malgré la survenance de la mauvaise foi pendant la gros-
sesse ; au contraire, pour l'esclave captif, il faudra un
nouveau *tractus temporis* pour usucaper, et il ne profitera
pas de la bonne foi qu'il avait au début. Pour Ramos, la
possession n'est pas interrompue par la capture de l'objet
possédé comme par la captivité du possesseur. Retes,
comme Ramos, ne fait aucune distinction ; mais il décide
que la possession du *partus ancillæ* ou de l'esclave captif
ne commence que *post editionem* au *post reditum*. Ce qui
profitera au possesseur, ce sera la *causa possessionis* et la
bonne foi.

Si l'on adopte cette interprétation, la décision de Papinien, à savoir que la possession commencée avant la captivité est interrompue, mais que cependant la possession
reconquise après le retour n'est pas une possession nouvelle, ne s'explique guère.

Papinien ne prévoit que le cas où c'est la *res possessa*
qui est prise ; convient-il d'étendre sa solution au cas où
c'est le possesseur lui-même qui tombe en captivité ? Il y
a lieu de douter ; Bechmann répond implicitement en
n'exigeant pas une nouvelle appréhension, mais il hésite
lui-même sur ce point.

Ainsi le principe est certain : le captif ne peut ni posséder ni usucaper par lui-même ; le peut-il par l'intermédiaire des personnes soumises à sa puissance ? Si le
droit romain n'a jamais admis la possession *animo alieno*,
en revanche il permit toujours la possession et par con-
tre-coup l'usucapion, acquise *corpore alieno*, c'est-à-dire

par des personnes en puissance. Il faut même aller plus loin et dire que, en notre matière, des tempéraments furent apportés à la nécessité d'un *animus* personnel ; en effet, les personnes placées sous la *dominica potestas* du captif pouvaient acquérir à son insu et pour lui la possession des choses du pécule.

Dans le même ordre d'idées, un *paterfamilias*, fait prisonnier, peut-il à son retour se prévaloir *ad usucapionem* d'une possession commencée en la personne de son fils ou de son esclave pendant son absence ? La question était controversée, et, s'il faut en croire Tryphoninus, deux systèmes s'étaient fait jour parmi la doctrine : l'un excluant la possibilité d'une possession pour les personnes en puissance pendant la captivité, l'autre au contraire, permettant au captif de retour d'en bénéficier (l. 12, § 2, Dig. XLIX, t. 15). Le premier système est celui de Marcellus ; pour lui il n'y avait pas lieu de distinguer ; il y avait dans tous les cas interruption de possession, qu'elle eût été commencée par le captif lui-même ou par une personne en puissance ; c'était là sans doute l'opinion de l'école Proculienne à laquelle ce jurisconsulte appartenait. Le deuxième système était préconisé par Julien et par l'école Sabinienne dont il faisait partie ; pour lui, la possession commencée par une personne en puissance pouvait profiter au *pater* : « *Julianus scribit credi suo tempore impleri usucapionem, remanentibus iisdem personis in possessionem. Marcellus nihil interesse ipse possedisset an subjecta ei persona.* »

Mais il faut distinguer avec la loi 12, § 2, deux hypothèses : si l'esclave ou le fils a acquis la possession *ex cau-*

sa peculiari, le captif bénéficiera de la possession, peu importe à quel moment l'esclave ou le fils a commencé de posséder, avant ou pendant la captivité de son maître ou de son père ; si au contraire l'esclave ou le fils a acquis directement pour le compte du *dominus* ou du *pater*, la possession ne sera acquise à ce dernier que si la personne *alieni juris* avait commencé de posséder avant la captivité. Des deux opinions, celle de l'école Sabinienne semble l'avoir emporté ; Tryphoninus dit en effet : « *Juliani sententia sequenda est.* » C'est aussi l'avis de Retes, de Ramos, de M. de Savigny, d'Hase et de Bechmann ; elle est la plus équitable.

Ainsi les captifs pouvaient usucaper la chose d'autrui par l'intermédiaire des personnes *alieni juris ;* mais cet avantage était minime si l'on songe qu'inversement des tiers pouvaient pendant leur absence acquérir leurs biens par prescription ; c'est qu'en effet le citoyen, comme absent, ne pouvait intenter aucune action contre ces tiers et interrompre la prescription en cours. Un tel résultat semblait inique, et c'était là sauvegarder étrangement les intérêts d'un homme qui avait été fait prisonnier pour le salut de Rome. Le préteur, frappé de cette *inelegantia juris,* y remédia en accordant au propriétaire dépouillé pendant son absence une sorte de *restitutio in integrum,* grâce à laquelle il put intenter une action qui lui permit de faire considérer l'usucapion comme n'ayant jamais eu lieu.

Quelle était au juste le caractère de cette action ?

Un certain doute existe, mais on est d'accord pour ne pas lui reconnaître la qualité d'une action spéciale ; elle

était probablement le complément de la *restitutio in integrum ob absentiam.* Or on sait que celle-ci était accordée
par le préteur dans deux sortes de cas, dont un seul
trouve encore son application sous Justinien. C'était d'a-
bord quand une chose avait été usucapée au profit d'un
absent par une personne en sa puissance, quelle que fut
la cause de l'absence ; ce cas de *restitutio in integrum*
n'avait plus sa raison d'être sous Justinien puisque sous
cet empereur le propriétaire pouvait obtenir l'interruption complète de l'usucapion qui s'accomplissait au profit
de l'absent, par une simple protestation faite devant le
président de province, ou à son défaut devant l'évêque
ou le *defensor civitatis.* Le second cas était celui où une
chose avait été usucapée pendant que le propriétaire
était empêché de veiller à sa conservation pour un motif
légitime. Parmi ces motifs, au premier rang figurait la
captivité. S'appuyant sur cette extension de la *restitutio
in integrum*, le préteur permit au captif de retour d'intenter la *restitutio in integrum ob absentiam ad rescin-
dendam usucapionem.* Mais cette *restitutio* n'était pas toujours possible ; elle était subordonnée à diverses conditions. Si elles n'étaient pas réunies, le captif en était
privé : autre danger pour lui. Le préteur lui permit,
pour le cas où il aurait repris régulièrement la possession de la chose, d'opposer au revendiquant une exception ; il fit plus encore, et lui permit d'exercer l'action
Publicienne (mais seulement quand il avait reçu la chose
ex justa causa) contre celui qui a usucapé et qui oppose
l'*exceptio justi dominii.* On peut dès lors dire que la prescription ne court pas contre le propriétaire romain captif.

Dans ces dernières pages, nous n'avons examiné que la possession *ad usucapionem*, parce que l'usucapion est le véritable but de la possession ; mais il est bien entendu que tout ce qui précède s'applique également à la possession *ad interdicta*, ainsi qu'à celle du créancier-gagiste et à tous les effets de la possession légale.

3. *Des droits réels et de la propriété.* — Comme nous l'avons déjà mentionné, le captif de retour rentre dans l'entière propriété des biens qu'il a laissés en partant ; c'est la solution qui s'impose, et cependant les sources sont muettes sur ce point ; aucun texte ne traite ni directement ni indirectement de la propriété et des droits réels. Cependant c'est là le domaine propre de la fiction du *postliminium*, et lorsque les jurisconsultes du Digeste emploient les expressions « *omnia restituuntur jura* », « *pristinum jus recipere* » ils visent bien certainement les droits réels. On ne peut expliquer ce défaut de textes que par l'absence de difficultés, et il faut appliquer les principes généraux : droits de propriété, servitudes réelles ou personnelles, hypothèques seront restitués au captif à son retour. Tous ces biens sont restés en suspens jusque-là ; ils sont demeurés la propriété du captif sous condition suspensive de son retour ; ils n'ont donc point été des *bona vacantia*. C'est qu'en effet l'objet du droit de propriété n'est pas demeuré sans titulaire pendant l'intervalle entre le départ et le retour. Il ne saurait être question ici ni d'occupation arbitraire ni de quelque chose d'analogue à l'*usucapio pro herede* ; on n'a pas eu davantage recours à la supposition d'un propriétaire fictif, comme pour l'*hereditas jacens*. Il faut faire appel ici à cette idée qui domine toute

la théorie du *postliminium* et à laquelle nous avons déjà eu recours plus d'une fois, à l'idée d'indécision. L'objet a un propriétaire, mais un propriétaire incertain ; ce sera le prisonnier s'il revient ; ce sera au contraire l'héritier ou au besoin même l'*hereditas jacens* si le prisonnier meurt chez l'ennemi. Ainsi l'objet non-seulement n'est pas privé de propriétaire, mais il appartient à quelqu'un ; ce quelqu'un est provisoirement indéterminé, mais l'alternative sera tranchée par un événement futur et par l'effet rétro-actif.

Il en résulte que les aliénations sont absolument impossibles pendant la captivité parce qu'il manque une personne autorisée pour les faire. Le prisonnier ne peut aliéner ni personnellement ni par un intermédiaire ; car il ne peut donner de procuration à cet effet. D'autre part, on ne peut permettre d'aliéner à l'héritier éventuel, car on ne sait s'il succèdera tant que le décès du captif n'est pas certain. Il y aura cependant exception, si un curateur, comme nous le verrons, a été nommé, ou si l'on a donné relativement au pécule une *libera gestio* à un esclave ; ce curateur, cet esclave pourront aliéner dans les limites de leur pouvoir. Bechmann, auquel ces considérations sont empruntées, va même jusqu'à autoriser un *heres necessarius*, qui n'a pas besoin de faire adition, à aliéner, mais il ne peut aliéner que des droits ou des choses qui supportent un état d'indécision ; il ne pourrait faire une *manumissio*, ou une aliénation sous forme d'*in jure cessio*.

De même que les aliénations, les acquisitions de propriété sont impossibles, sauf cependant les accessions naturelles à un objet appartenant déjà au captif, ou les augmentations de patrimoine provenant du fait des personnes en puissance, comme cela a été expliqué *supra*.

4. *Des obligations. Créances et dettes.* — Aux droits réels on oppose les droits personnels. Ces derniers jouent un rôle important dans la vie du captif. Le captif, en effet, peut être titulaire d'obligations tant actives que passives lorsqu'il est réduit en servitude ; il faudra rechercher ce qu'elles sont devenues quand il revient. Pendant son absence même des obligations peuvent naître à son profit ou à sa charge ; il faudra voir quelle en est la valeur.

Conmençons par les obligations nées avant la captivité. Les principes souvent exposés déjà du *postliminium* permettent de poser la règle suivante : les créances acquises, les dettes contractées avant la captivité renaissent au profit ou à la charge du captif de retour avec toutes leurs modalités, à moins qu'il ne soit survenu pendant l'intervalle une circonstance qui même en temps ordinaire eut rompu le *vinculum juris,* par exemple la perte de l'objet. Si telle est la règle, il faut en voir les applications.

Au regard du captif, aucune difficulté. Absent, considéré comme esclave, il ne peut poursuivre ses débiteurs ni être poursuivi par ses créanciers tant que dure sa captivité. Mais la situation n'est pas toujours aussi simple : d'ordinaire l'obligation est garantie par des cautions réelles ou personnelles ; il se peut aussi que les biens soient administrés par un curateur ; la question devient plus importante.

Deux principes viennent ici se combiner : d'un côté le *vinculum juris* subsiste pendant la captivité et n'est point rompu ; d'autre part, le captif est incapable personnellement de faire un acte juridique quelconque pendant qu'il est chez l'ennemi. Il en résulte que les effets des obligations qui exigent un acte volontaire de la part du captif ne peuvent se produire pendant la captivité, et que tous les effets qui n'exigent pas son fait personnel peuvent se réaliser *pendente captivitate.* Il en découle, par exemple, que la dette du captif pourra être l'objet d'un *constitutum debiti alieni* (l. 11 princ. Dig. XIII T. 5), que les cautions pourront être poursuivies, malgré la captivité du débiteur principal ; que les créanciers pourront demander la *missio in possessionem,* mais ne pourront procéder à la *venditio bonorum* pour laquelle la présence du débiteur est indispensable (l. 6, § 2 Dig. XLII T. 4).

Ces solutions semblent être certaines ; cependant un texte de Papinien semble les contredire. Le jurisconsulte s'exprime ainsi dans la loi 5, princ. Dig. XXXVI, t. 3 : « *Postquam heres ab hostibus captus est, conditio legati cujus nomine proposita stipulatione cautum fuerat, extitit ; fidejussores interim teneri negavi : quia neque jus, neque persona esset, ad quam verba stipulationis dirigi possint.* » Il s'agit d'un legs fait sous condition ; une *cautio legatorum servandorum causa* a été fournie ; avant que la *diei cessio* ne soit arrivée, le grevé tombe en servitude. Papinien nie que les fidéjusseurs soient tenus d'acquitter le legs entre les mains du légataire pendant que le grevé est absent. On ne peut pas être plus formel, et cependant une pareille solution ne se comprend pas.

Comment l'expliquer? Bechmann propose ceci : il remarque que le texte est tiré du livre 28 des *Quœstiones* de Papinien ; or ce genre d'ouvrage contient des réponses sur des points spéciaux ; la loi était sans doute précédée d'un cas concret auquel le jurisconsulte répond. Ce cas était probablement celui d'une dette de legs qui ne devait pas passer à la charge de l'héritier du grevé ; il faut alors supposer l'existence d'un grevé subsidiaire pour le cas où la *diei cessio* ne se produirait qu'après la mort du premier grevé ; dans ce cas l'existence du débiteur principal est incertaine et les fidéjusseurs ne peuvent être poursuivis, à supposer naturellement qu'ils n'aient pas continué l'obligation du grevé subsidiaire. La question est de savoir s'il y a une dette principale valable ; la nullité ou la validité de la fidéjussion découlera implicitement de la solution. Il semble que la dette principale du legs peut se former valablement ; il est vrai que le sujet en sera indéterminé, mais il n'en existera pas moins certainement ; de plus le captif est censé avoir fait adition avant sa captivité. Toutes les conditions de validité de l'obligation principale se trouvent réunies ; dès lors l'obligation accessoire est valable ; par suite les fidéjusseurs pourraient être poursuivis.

Si maintenant nous passons aux obligations nées pendant la captivité, le principe est que le captif ne peut pas acquérir de créances ni contracter d'obligations pendant la captivité ; il n'a pas en effet de *procurator*.

Si telle était la règle, de nombreuses modifications y furent apportées, et ici encore il faut distinguer s'il s'agit de créances ou de .dettes qui supposent ou non le fait personnel du captif.

Les créances d'abord : les obligations qui peuvent naître au profit du captif peuvent découler de legs, de quasi-contrats ; de délits ou quasi-délits, enfin elles peuvent être contractées *ex causa peculiari* par une personne *alieni juris*. Passons rapidement en revue ces diverses causes.

Un legs peut être fait au captif pendant sa captivité. L'acquisition de ce legs reste subordonnée à la condition suspensive de son retour ; s'il meurt chez l'ennemi, le legs sera nul ; aucune difficulté.

L'obligation née au profit du captif peut découler *quasi ex contractu ;* parmi les obligations quasi-contractuelles, l'une de celles qui reçoit en notre matière la plus large application est la gestion d'affaires. Le captif de retour aura contre le gérant d'affaires l'*actio gestorum negotiorum directa*, et, si un curateur aux biens existe, il aura contre lui une *actio negotiorum gestorum directa utilis*, pour se faire rendre compte de la gestion.

Les créances du captif peuvent encore provenir d'un délit ou d'un quasi-délit commis à son préjudice pendant qu'il était chez l'ennemi. Pour ne parler que des délits, le captif pourra d'abord intenter l'*actio legis Aquiliæ* à l'occasion d'un dommage causé à son patrimoine pendant son absence. Cela ne fait aucun doute, étant donné le caractère réparateur de cette action. Il pourra intenter en second lieu l'*actio furti* pour un vol commis au préjudice de son patrimoine : « *Si cum quis in hostium potestate esset, furtum ei factum sit et postliminio redierit, poterit quis dicere*

cum furti habere actionem » dit Ulpien dans la l. 41, pr.
Dig. XLVII t. 2. Bechmann s'étonne d'une pareille solution qui pour lui n'est d'accord ni avec les données du
postliminium ni avec les sources. Selon lui le texte même sur lequel on s'appuie n'est pas certain : Ulpien hésite à donner l'*actio furti* au captif ; les mots « *poterit
quis dicere* » marqueraient suffisamment cette hésitation.

Bechmann ne s'en tient pas là et cherche à altérer
une loi qui semblerait confirmer le texte d'Ulpien. La
lex Hostilia dont parle Justinien aux Institutes (IV, t. 10,
princ.) introduisit, à une époque où la représentation
judiciaire n'était pas admise, c'est-à-dire sous les Actions
de la loi, le droit d'exercer l'*actio furti* au nom de ceux
qui étaient *apud hostes* ou absents pour le service de la
République. « *Prœterea lege Hostilia permissum est furti
agere eorum nomine, qui apud hostes essent, aut reipubli-
cœ causa abessent.* » D'après l'avis du docteur allemand,
les mots « *apud hostes* » viseraient non la captivité, mais
la simple absence en pays étranger. Il conclut en refu-
sant l'*actio furti* au captif. Nous répondrons au premier
argument qu'il se peut que les termes employés par
Ulpien ne soient pas aussi nets qu'il serait désirable;
mais de là faut-il en conclure que l'on doit refuser au
captif l'*actio furti* et l'*actio furtiva* pour ne lui laisser que
l'*actio ad exhibendum* ou la *rei vindicatio ?* ce serait aller
loin. Remarquons, comme on l'a fait très justement, que
le *postliminium* avec son mécanisme compliqué, ses
questions subtiles de suspension et de rétroactivité, était
bien fait pour déconcerter les jurisconsultes, et il ne faut
pas s'étonner, si à côté de contradictions de fond, on

rencontre dans les textes des contradictions de forme. Au second argument, nous répondrons à notre tour que l'expression « *apud hostes* » est synonyme de « *captivum esse* » dans le texte de Justinien. En effet, à l'époque où la *lex Hostilia* a été rendue, dans les premiers temps de Rome (on a proposé la date de 582. U. C.) celui-là seul qui pouvait être absent était le soldat ; et il ne pouvait être que chez l'ennemi « *apud hostes* ».

Ainsi la théorie de Bechmann ne nous paraît pas acceptable : si on l'appliquait rigoureusement, elle conduirait à refuser au captif de retour l'exercice des interdits et les autres moyens de recouvrer la possession perdue ; ce serait là une injustice dont on ne trouve aucune trace dans les textes ; l'*actio furti* doit compéter au captif de retour.

Restent les obligations actives contractées pour le compte du captif par des personnes *alieni juris*. Nous savons déjà que les stipulations faites *simpliciter* par les esclaves ou les fils de famille pendant la captivité du maître ou du *pater* profitent à ce dernier ; admettre le contraire eut été le priver d'une source importante de bénéfices ; nous n'avons pas à y revenir. Notons seulement un point qui était controversé. Quand les actions acquises au captif par le fils ou l'esclave étaient temporaires, et par suite susceptibles de s'éteindre par prescription, on discutait la question de savoir à partir de quel moment le délai de prescription pourrait courir ; était-ce la naissance de l'action ou le retour du captif qui devait fixer le point de départ ? Javolénus était d'avis que la prescription courait du jour du contrat. C'est ce qu'il dit dans la loi 4, Dig. XLIV, t. 3. « *Si servus ejus qui in hostium potestate sit satis acquerit, continuo dies satisdationis cedere incipiet.* » Il suppose que l'esclave d'un captif s'est fait donner par un tiers une *satisdatio*, et il décide que la prescription de l'action contre la caution court dès le moment où la convention s'est formée. Vénuléius, prévoyant la même hypothèse, nous dit que Cassius était d'avis qu'il fallait faire commencer la prescription seulement au jour du retour du captif : « *Item si servus ejus qui apud hostes sit fidejussores acceperit? Et Cassius existimat tempus ex eo computandum, ex quo agi cum eis potuerit : id est ex quo postliminio dominus revertatur* » (l. 25. Dig. XLV, t. 3).

Cujas (1), Pothier (2), Retes, Ramos, ont essayé de concilier ces deux textes ; nous croyons que c'est en vain. Au surplus, il suffit de citer l'opinion de Machelard (3) : « Quelque désirable qu'il soit d'éviter les con-
« tradictions entre les divers fragments du *Corpus juris*,
« le zèle contre les antinomies ne doit pas aller jusqu'à
« essayer de mettre d'accord deux jurisconsultes dont
« l'un enseignait exactement le contraire de ce que fai-
« sait l'autre... Nous estimons qu'on ne doit se faire au-
« cun scrupule d'admettre ici une divergence de doctrine.
« Il est impossible qu'elle éclate d'une façon plus pronon-
« cée. » Et il conclut en adoptant de préférence l'opinion de Cassius rapportée par Vénuléius. C'est celle qui sem-

1. Cujas. *Observationes* XVI, 38.

2. Pothier. *Pandectæ Justinianeæ, de div. præscr.*, n° 1.

3. Machelard. *Traité des obligations naturelles*, II partie, § 4, p. 516.

ble être la plus logique : la stipulation faite par une personne en puissance paraît être conditionnelle et son
accomplissement subordonné au retour du captif ; ce
retour doit en conséquence être le point de départ du
délai de la prescription.

Après les créances, les dettes. Aux diverses catégories de
créances que nous venons d'examiner correspondent à
peu près les mêmes catégories de dettes ; aussi quelques
mots suffiront-ils.

Un captif a à sa charge un legs ; il est tenu de l'acquitter envers le légataire. On ne comprend guère au premier abord comment un captif peut être tenu d'un legs ;
en effet pour être grevé d'un legs, il faut être héritier et
par suite faire adition ; or, nous avons vu qu'il n'a point
qualité à cet effet. Il faut donc supposer une hypothèse
spéciale ; il faut supposer un legs fait sous condition ;
l'héritier a fait adition avant de tomber au pouvoir de
l'ennemi ; si la *diei cessio* se produit alc·s qu'il est encore en captivité, il sera tenu du legs vis-à-vis du légataire ; c'est une véritable dette.

Relativement aux obligations nées *quasi ex contractu*,
à l'*actio negotiorum gestorum directa* correspond l'*actio
negotiorum gestorum contraria* donnée au gérant d'affaires
pour se faire rembourser les dépenses qu'il a faites pour
le compte du captif (l. 19, § 5, Dig., III, t. 5). De même
le curateur aura une *actio negotiorum gestorum contraria
utilis.*

Viennent ensuite les obligations passives contractées
noxaliter et qui peuvent faire pendant aux obligations
actives nées *ex delicto* ou *quasi ex delicto*. Aucun texte

n'en parle ; mais les principes généraux conduisent à décider que le captif devra réparer le dommage causé par un fils de famille, une femme *in manu* ou un esclave ; il sera tenu *noxaliter* et pourra, s'il n'aime mieux payer, abandonner l'auteur du dommage à la victime.

Enfin aux créances acquises par les personnes *alieni juris*, correspondent les entreprises commerciales dirigées par les fils ou les esclaves du captif *causa peculiari*. Si ces entreprises donnent lieu à l'une des *actiones adjectitiæ qualitatis*, au retour du maître ou du *pater familias* elle pourra être dirigée contre lui.

Tel est dans son ensemble le rôle que joue le *postliminium* sur les droits patrimoniaux du captif ; il est inutile d'y insister davantage.

§ 6. — *Administration des biens du captif pendant la captivité.*

De tout ce qui précède, il découle que le captif reprenait à son retour tous les biens qui lui avaient appartenu avant sa captivité. Mais pour qu'il en fût ainsi, il fallait que pendant son absence quelqu'un veillât à ses intérêts.

A l'origine le captif restait sans représentant ; la *lex Hostilia* permettait seulement d'intenter l'*actio furti* au nom de ceux qui étaient chez l'ennemi ou absents pour le salut de la République.

A l'époque classique l'usage était de nommer un *curator bonorum* auquel on confiait l'administration de ces biens. Ulpien en parle dans la loi 7, § 1, Dig. XXVII, t. 3 : « *si quis curator bonis ejus constitutus sit...* » ; il nous apprend même que cette nomination était la règle ordinaire : « *si curator (ut plerumque) fuerit bonis constitutus* » (l, 15, pr. Dig. IV, t. 6.). La nomination de ce curateur appartenait soit au préteur à Rome, soit au *præses* dans les provinces. Toute personne intéressée pouvait d'ailleurs la provoquer (l. 3, Cod. VIII, t. 51) et le choix portait en général sur un proche parent de l'absent. « *Divi fratres rescripserunt filium, si sobrie vivat, patri curatorem dandum, magisquam extraneum* » dit Ulpien (l. 12, § 1, Dig. XXVI, t. 5). Si le prisonnier était un impubère, le sénatus consulte Tertullien faisait à la mère une obligation de provoquer la nomination d'un curateur, sous peine pour elle de perdre les bénéfices que lui accordait le sénatusconsulte.

Le curateur devait, avant d'entrer en fonctions, fournir une caution *stipulante servo publico* (l. 3, Cod. VIII, t. 51).

Quelles étaient au juste les fonctions du curateur ? Il était tenu d'administrer les biens du captif. En cette qualité, il pouvait défendre au nom de celui-ci à une action intentée contre lui et inversement poursuivre les débiteurs ; il pouvait demander la *bonorum possessio decretalis* quand une hérédité s'ouvrait en faveur du captif ; mais cette *possessio* ne devenait définitive qu'après la ratification faite par le captif à son retour ; car celui-ci peut opter entre l'adition ou la renonciation à la succession, et le curateur ne peut jamais faire adition : *per curatorem hereditatem adquiri non posse* » (l. 90, pr. Dig. XXIX, t. 2).

Le curateur n'était pas seulement nommé dans l'inté-

rêt du captif; il l'était aussi dans l'intérêt des créanciers.
Ceux-ci pouvaient en effet intenter contre le curateur les
actions qu'ils avaient contre le captif. Ils pouvaient, comme nous l'avons déjà dit, demander la *missio in possessionem*, mais cette *missio* n'avait en réalité d'autre but que
de provoquer la nomination d'un curateur et de réserver
aux créanciers le droit de faire rendre les biens du prisonnier; du reste, ils ne pouvaient faire procéder à la
bonorum venditio qu'au retour du captif; nous le savons
déjà.

<h2 style="text-align:center">SECTION II</h2>

Effets du « postliminium » passif.

SOMMAIRE : **Principe** : le propriétaire primitif recouvre les *res postliminii* reprises sur l'ennemi avec leurs charges et leurs modalités. **Application du principe:** 1° Aux esclaves; 2° Aux fonds de
terre; 3° aux *res furtivæ*; 4° aux *res extra commercium*. — Aliénations possibles, mais peu pratiques, des *res postliminii*, soit
entre-vifs, soit à cause de mort. — *Les res captæ* comptent pour
l'exercice de l'*actio familiæ erciscundæ* et le calcul de la *quarte
Falcidie*. — Droits du propriétaire sur les fruits survenus pendant la captivité. — Du part de l'esclave. — Interprétation de la
loi 28 du jurisconsulte Labéon.

Nous avons précédemment étudié qu'elles étaient les
res postliminii et à quelles conditions elles étaient soumises; reste maintenant à examiner les effets du *postliminium* relatif à ces choses.

La loi 19, *princ.* Dig., XLIX, t. 15, pose le principe :
« *Postliminium est jus amissæ rei recipiendæ ab extraneo
et in statum pristinum restituendæ.* » Les choses capturées

par l'ennemi ne sont pas définitivement perdues pour leur propriétaire. Une fois reprises, si elles retombent aux mains de leur ancien maître, elles recouvrent leur situation juridique antérieure. Mais si le propriétaire recouvre sur elles tous ses droits anciens, il les reprend aussi avec les mêmes charges et les mêmes modalités.

Du principe largement posé, passons aux applications.

Les esclaves rentrent dans leur condition primitive ; ils redeviennent à partir de leur retour esclaves du peuple romain ; l'affranchissement qu'ils auraient obtenu pendant leur captivité n'aurait aucune valeur, et nécessité serait de le renouveler à leur retour. Ils rentrent donc dans la même condition spécifique : étaient-ils *servi pœnæ* ils restent *servi pœnæ*. De même cette décision s'applique aux *statuliberi* s'ils se trouvaient tels au moment de leur entrée en captivité, à supposer naturellement que la condition sous laquelle la liberté leur a été léguée n'ait pas été déjà remplie pendant la durée de la captivité : « *Si statuliber fuerit, antequam ab hostibus caperetur, redemptus pendente conditione suam causam retinebit.* » (l. 12, § 10, Dig. *hoc tit.*)

Si un usufruit grevait l'esclave capturé ou s'il grevait un fonds de terre, cet usufruit, suspendu pendant l'intervalle, revit quand l'esclave ou le fonds de terre est repris à l'ennemi. Il en est de même des autres modalités qui peuvent affecter les *res postliminii* ; que ce soient des servitudes personnelles ou des servitudes réelles, un gage, une hypothèque, peu importe, elles continuent à grever la chose quand elle est reprise sur l'ennemi.

C'est en vertu de la même règle que si la *res* était entachée d'un vice, ce vice subsiste ; ni la capture, ni la rentrée dans le patrimoine du propriétaire, ne peuvent le faire disparaître. La chose a, par exemple, été volée ; elle restera *res furtiva* ; ce caractère suit la chose en tout temps et en tout lieu ; c'est un esclave qui a été volé, puis qui est tombé en captivité ; il est repris par les Romains et vendu à un tiers ; ce tiers ne pourra l'usucaper.

Pour les *res extra commercium*, il en est encore de même. Elles conservent rétroactivement leur qualité. Ainsi les *res sacrœ et religiosœ* qui perdent, en vertu des principes du droit religieux, leur caractère de choses saintes, le recouvrent de plein droit, lors qu'elles sont reprises pour le peuple romain. Une nouvelle consécration est superflue.

Tel est le principe et telles sont ses applications : une seule considération suffira pour en montrer la portée. La chose reprise est si bien regardée comme identique à celle qui a été capturée que si elle avait été l'objet d'une revendication infructueuse de la part d'un tiers, ce tiers ne pourrait lorsqu'elle est reprise renouveler son action ; il se verrait opposer l'*exceptio rei judicatœ*.

Quels étaient les droits du propriétaire par la chose tant qu'elle était aux mains de l'ennemi? Bien qu'il n'ait pas la possession de la chose, il reste propriétaire. Il peut donc aliéner la chose directement ou indirectement en la grevant de servitudes, mais la validité de l'aliénation est subordonnée au recouvrement de la chose. Il peut donc aliéner entre-vifs, mais il est probable que les acquéreurs devaient être rares; on n'achète guère une chose que l'on n'est pas certain d'avoir. Il peut également l'aliéner à cause de mort; cette pratique devait être plus répandue, et l'on trouve certains textes qui disent que les *res captæ* peuvent être léguées. Dans ce cas il est probable que l'héritier institué était tenu de fournir caution de livrer la chose ou sa valeur, pour le cas où elle ne serait pas reprise. En un mot, les *res captæ* peuvent être l'objet d'un contrat ou d'un acte de disposition quelconque.

Les *res captæ*, quoiqu'au pouvoir de l'ennemi, n'en existent pas moins; elles existent, il est vrai, sous condition suspensive. De cet effet suspensif du *postliminium*, il résulte que ces *res* doivent entrer en ligne de compte dans les opérations de partage, plus particulièrement dans l'exercice de l'*actio familiæ erciscundæ* et dans le calcul de la quarte Falcidie. Pour le premier point, Ulpien dans la loi 22, § 5, Dig. X, t. 2, s'exprime ainsi : « *Papinianus de re, quæ apud hostes est, Marcellum reprehendit, quod non putat præstationes ejus rei venire in familiæ erciscundæ judicium, quæ apud hostes est : quid enim impedimentum est, rei præstationem venire, cum et ipsa veniat?* » Ainsi lorsque s'ouvre la succession d'un propriétaire de choses capturées il faut tenir compte de ces dernières dans le partage, mais à raison de leur situation spéciale, l'héritier dans le lot duquel elles seront mises, devra être garanti contre les risques, soit pour une dation de caution, soit par une estimation. Dans la loi suivante au même titre, Paul dit en effet : « *Propter spem postliminii, scilicet cum cautione, quia possunt non reverti, nisi si tantum æstimatus sit dubius eventus.* » Les *res captæ* seront donc mises dans le lot de l'héritier pour leur valeur réelle, sauf à lui à être garanti par des cautions que lui fourniront les autres héritiers; ou bien elles n'y figureront que pour une valeur inférieure à la valeur réelle, mais qui sera estimée être la représentation exacte de la chance de gain ou de perte que courra l'héritier.

Ces mêmes *res captæ* seront également comprises dans le calcul de la Quarte Falcidie. Mais il faut faire une distinction : si les choses sont tombées au pouvoir des ennemis postérieurement à la mort du *de cujus,* elles doivent être comprises parmi les choses héréditaires, et dès lors elles compteront pour le calcul de la quarte; si, au contraire, elles ont été prises antérieurement au décès, leur perte ne sera pas pour l'héritier, et si elles sont recouvrées, elles seront acquises au légitimaire. C'est au surplus ce que dit Ulpien en termes quelque peu elliptiques dans la loi 43, Dig. XXXV, t. 2 : « *Servi qui apud hostes sunt post mortem testatoris reversi, quod ad Falcidiam pertinet, locupletiorem faciunt hereditatem.* »

Il ne suffit pas de considérer les *res captæ* en elles-mêmes; il faut aussi dire quelques mots des accroissements dont elles sont susceptibles. Quel est donc le sort des fruits qu'aura produits la chose pendant sa détention chez l'ennemi? Les textes ne nous parlent que du part de l'esclave, mais la même question pourrait se poser à propos du part des animaux capturés, et des fruits produits par les fonds de terre envahis par l'ennemi; le silence des textes empêche de donner une solution exacte. Au regard de l'esclave, Ulpien dans les paragraphes 1 et 2 de la loi 6, Dig. XL, t. 7, suppose un enfant né d'une *statulibera* chez l'ennemi, mais après l'accomplissement de la condition à laquelle était subordonné l'affranchissement de sa mère. Il décide que cet enfant sera libre du jour de son retour, sans qu'il y ait à distinguer s'il a été conçu avant ou pendant la captivité. La solution du jurisconsulte ne soulève aucun doute, si l'enfant a été conçu avant la captivité ou s'il est né depuis le retour; il faut l'attribuer sans hésiter au maître de la mère esclave; mais s'il a été conçu pendant la captivité et qu'il soit né pendant le même temps, il semble que le *postliminium* ne doive pas s'appliquer au profit du maître, car le *postliminium* ne crée pas une situation nouvelle; il se borne à replacer la chose dans sa condition antérieure. La solution d'Ulpien ne peut s'expliquer que comme une faveur. « *Benignius dicetur competere ei postliminium, et liberum eum esse.* »

Reste au sujet des effets du *postliminium* passif un texte dont l'interprétation a soulevé des difficultés et que nous ne pouvons passer sous silence. C'est un fragment de Labéon qui forme la loi 28 à notre titre : « *Si quid bello captum est, in præda est, non postliminio redit. Paulus: imo, si in bello captus, pace facta, domum refugit, deinde renovato bello capitur; postliminio redit ad eum, a quo priore bello captus erat: si modo non convenerit in pace ut captivi redderentur.* » Un grand nombre d'interprétations ont été données; nous croyons qu'il n'est pas utile de modifier ce texte pour l'expliquer, et nous repoussons toute idée d'altération. Labéon pose le principe à savoir que le *postliminium* n'a pas d'effet sur le butin; puis Paul en fait une application à l'espèce suivante : il suppose un esclave pris dans une guerre et devenu la propriété de l'ennemi. La paix faite, le captif revient; en ce cas pas de *postliminium* possible puisqu'il n'existe pas *in pace*. Une nouvelle guerre éclate, et le même esclave est de nouveau pris ; par exception le *postliminium* aura lieu à la deuxième reprise au profit du romain qui avait déjà eu cet esclave dans son lot la première fois comme partage du butin; mais il faut qu'une clause du traité de paix n'ait pas spécifié que les captifs seraient rendus. Ainsi expliqué, ce texte paraît clair.

CHAPITRE V

DÉROGATIONS APPORTÉES AU PRINCIPE DU « POSTLIMINIUM »
PAR LE RACHAT DES CAPTIFS. — DE LA « REDEMPTIO ».

SOMMAIRE : I. — En quoi la « redemptio » déroge aux règles ordinaires du « postliminium. » Nature du droit de *redemptio*. — Par qui
elle était opérée. — Privilèges qu'elle conférait au *redemptor*. —
II. — Du « Jus redemptoris ». — § 1. — Origines de ce droit. — § 2.
— Nature du *jus redemptoris* et droits du *redemptor*. — Distinction entre la *redemptio* appliquée aux personnes libres et la
redemptio appliquée aux choses, en particulier aux esclaves. —
§ 3. — Des actes de disposition du *redemptor* sur son privilège. —
§ 4. — Modes d'extinction du *jus redemptoris* et application du
postliminium. Paiement du prix de rachat et renonciation au
paiement soit expresse, soit tacite ; mort du captif ou perte de la
chose ; autres causes diverses d'extinction.

I. — Florentinus dans la loi 26, Dig. XLIX, t. 15, s'exprime ainsi : « *Nihil interest quomodo captus reversus
est : utrum dimissus an vi vel fallacia potestatem hostium evaserit.* » Nous avons déjà cité ce fragment en
étudiant les conditions nécessaires au retour du captif
pour qu'il soit appelé à bénéficier du *postliminium*. Il
convient maintenant de signaler une cause particulière
de retour, omise par le jurisconsulte, et qui mettait le
citoyen dans une situation spéciale ; nous voulons parler

do la *redemptio*. Le captif racheté ne jouissait pas, aussitôt son rachat effectué, des effets du *postliminium ;* il devait auparavant désintéresser le *redemptor* en lui remboursant sa rançon. Le rachat n'était pour lui qu'un moyen d'obtenir plus sûrement sa liberté, mais sa situation juridique n'était pas, au point de vue du *postliminium*, la même que celle du captif *reversus*.

Le rachat des prisonniers de guerre était très pratiqué par les Grecs et surtout par les Athéniens (1). A Rome il était mal vu par les vieux Romains qui le considéraient comme contraire à l'honneur du soldat. Aussi, au lieu de se faire aux frais de l'Etat, s'effectuait-il le plus souvent aux frais des particuliers ; c'est ce qui explique pourquoi les textes n'envisagent que cette espèce de *redemptio.*

De nombreux privilèges étaient attachés à la *redemptio*, du moins pour celui qui l'opérait. C'est ainsi que dans le droit des donations, à l'époque classique, on trouve au profit du *redemptor* donataire l'exemption des dispositions gênantes de la *lex Cincia* (Paul, Sent. V, 11, § 6; l. 34, § 1, Dig. XXXIX, t. 5) et, dans le droit de Justinien, la dispense d'insinuation (l. 36, *princ.* Cod. VIII, t. 54). Dans le droit classique le *redemptor* était donc classé au nombre des *personæ exceptæ* pour qui le *modus legis Cinciæ* n'existait pas, et, à l'époque du Bas-Empire, le rachat des captifs était considéré comme une *causa piissima*. Dans le même ordre d'idées, Paul place le rachat des parents au nombre des causes qui pou-

1. Cette pratique résulte d'une allusion faite par Demosthène dans son plaidoyer pour Nicostrates.

vaient autoriser la femme à toucher sa dot avant la dissolution du mariage, *constante matrimonio*, « *quia* », dit le jurisconsulte, « *justa et honesta causa est, non videtur male accipere* » (l. 20, Dig. XXIV, t. 3). Enfin la condition : « *si patrem suum ab hostibus non redemerit* » était considérée comme contraire aux bonnes mœurs. Bien plus le droit romain avait fait de la *redemptio* un devoir moral pour certaines personnes, pour les affranchis envers leurs patrons, pour les frères et sœurs entre eux, pour les descendants envers les ascendants et réciproquement pour les ascendants envers les descendants. La violation de ce devoir constituait, sous Justinien, pour les descendants une *justa causa exheredationis*.

II. — Mais le plus important des privilèges concédés au *redemptor* était le *jus redemptoris*, sorte de droit de gage sur la personne ou la chose rachetée, sur la nature propre duquel les jurisconsultes ne sont pas d'accord.

§ 1. — Tout est à peu près incertain sur ce droit, et on n'a aucune donnée précise sur son origine. Quelques auteurs ont cru qu'il était aussi ancien que le *postliminium* lui-même ; mais la majorité n'est pas de cet avis. Aucun texte de l'époque de la République n'en fait mention, et nous avons déjà dit que les vieux Romains ne voyaient pas d'un bon œil le rachat des prisonniers ; il est donc probable que ce droit n'a été l'objet d'une réglementation législative qu'à une époque assez récente dans l'histoire juridique de Rome. D'autre part, il est à peu près certain que le *jus redemptoris* n'a pas été créé de toutes pièces par une loi spéciale : nulle trace ne s'en trouve dans les textes. Il serait aussi invraisemblable d'y voir une création du préteur. Reste une hypothèse : peut-être a-t-il été réglementé par une Constitution Impériale. La loi 12 à notre titre § 8 nous parle bien d'une *constitutio quæ de redemptis lata est;* mais de qui serait cette constitution? est-ce celle dont il est question au § 17? et qui est attribuée à Sévère? rien n'autorise à le dire. En résumé, le *jus redemptoris* avait atteint son complet développement au commencement du troisième siècle; les textes qui nous en parlent sont à peu près tous de Paul et d'Ulpien; on ne peut guère préciser davantage.

§ 2. — Si de l'origine du *jus redemptoris,* nous passons à la nature de ce droit, nous rencontrons le même doute parmi les commentateurs. Mais, pour mieux exposer les diverses solutions données, il faut distinguer suivant que le rachat porte sur des personnes libres ou sur des choses et en particulier sur des esclaves.

Lorsque la *redemptio* s'applique à des personnes libres les opinions émises sont très diverses. Les uns y voient un simple droit de rétention exercé par le *redemptor* sur le captif racheté ; d'autres le considèrent comme un véritable gage. Ces deux opinions se basent sur les expressions *pignoris jus, vinculum pignoris, causa pignoris,* que l'on rencontre à chaque pas dans les textes; la première les interprète dans le sens strict, la deuxième dans le sens large. Une troisième opinion considère le *jus redemptoris* comme une *potestas;* c'est celle qui est enseignée par Fabre (1), Retes et plus récemment par le Dr Hase; pour ces trois auteurs, le *postliminium* ne

1. A. Faber. *Jurisprudentia Papinianæ,* XII, 8.

se produit que lorsque le lien de la *redemptio* est brisé ;
jusque-là, le *redemptus* reste dans la même situation que
s'il était encore chez l'ennemi ; le rachat n'a d'autre
utilité pour lui que de lui offrir le moyen de se libérer
plus facilement en remboursant le prix de la rançon au
redemptor. Cette théorie est ingénieuse, mais elle ne
répond pas à l'idée que l'on se fait de la *redemptio*, puisqu'elle a justement pour but de faire une différence entre
le *redemptus* et le captif. Elle se heurte d'ailleurs à la
Constitution 8 au Code LI, aux termes de laquelle les
enfants nés d'une femme *redempta* pendant qu'elle se
trouve au pouvoir du *redemptor*, ne tombent pas sous
la puissance de celui-ci ; or, les enfants dont une femme
accouche chez l'ennemi suivent la condition de leur
mère ; cette décision est donc inconciliable avec le système qui assimile le *redemptus* au *servus hostium.*

Reste une dernière opinion, qui consiste à assimiler le
jus redemptoris au *mancipium.* Nous repoussons cette
assimilation qui semble impossible à soutenir. Le *mancipium* s'appliquait à des personnes qui n'ont pas ou n'ont
plus de patrimoine, aux fils de famille, aux femmes *in
manu* et s'étendait sur les personnes ainsi que sur leurs
biens ; le *jus redemptoris* s'appliquait seulement aux personnes et non à leurs biens ; de plus il ne s'étendait jamais
aux enfants à quelque époque qu'ils soient nés. Il ne s'étend
pas davantage aux biens du *redemptus ;* celui-ci en effet
peut faire addition aux successions qui lui échoient ; ce
sera un moyen pour lui de se libérer plus facilement ; il
peut donc avoir un patrimoine propre.

En somme, le *jus redemptoris* est un droit *sui generis,*

qui tient à la fois du gage et du droit de rétention par son but ; de la *dominica potestas* et du *mancipium* par sa nature.

Mais quels étaient donc au juste les droits du *redemptor* sur la personne libre rédimée par lui ? Le *redemptor* avait le droit de le conserver jusqu'au moment où il serait complètement rentré dans ses déboursés ; il est même probable qu'il pouvait exiger de lui des *operæ*, sauf à user envers lui de ménagements. Là se bornait son droit ; ajoutons toutefois qu'il avait contre le rédimé un véritable droit de créance, qui lui permettait de négliger son privilège pour le poursuivre directement.

Le *redemptus* est donc placé dans une situation voisine de l'esclavage, mais qui cependant n'est pas l'esclavage ; il est probable qu'il redevenait ce qu'il était à Rome avant d'avoir été fait prisonnier et reprenait sa condition primitive ; était-il ingénu, il redevenait ingénu ; affranchi, il redevenait affranchi ; et c'est comme tel qu'il pouvait bénéficier du *postliminium*, quand il avait remboursé le prix de la rançon.

La nature du *jus redemptoris* appliquée aux choses est tout différent. Lorsqu'une personne quelconque rachète à ses frais une chose qui a été soustraite par l'ennemi, ce n'est plus un droit indéterminé, mais bien un droit précis de propriété qu'elle acquiert dessus ; le § 7 de la loi 12 à notre titre le mentionne expressément ; mais le § 9 de la même loi nous fait remarquer qu'il n'en a pas toujours été ainsi et qu'il y avait un *jus vetus* d'après lequel le *redemptor* était obligé d'usucaper la chose pour en devenir propriétaire.

Comment concevoir que le *redemptor* d'une chose fût mieux traité que ne l'était le *redemptor* d'une personne et que son privilège fût plus étendu? On peut répondre que pour donner au *redemptor* d'une chose des droits seulement équivalents à ceux d'un *redemptor* sur une personne libre, il aurait fallu combiner ensemble le gage, qui ne donnait pas le droit d'user de la chose, et l'usufruit; cela revenait à créer une forme nouvelle : les Romains préférèrent donner au *redemptor* un droit de propriété rescindable. A cette première réponse peut se joindre une autre considération : il eut répugné de donner au *redemptor* sur un homme libre les droits d'un maître sur son esclave; aucun scrupule au contraire n'empêchait la création d'un droit de propriété sur la chose rachetée.

Quelle était donc l'étendue des pouvoirs du *redemptor* sur l'objet racheté? sur l'esclave par exemple? Le droit de propriété du *redemptor* sur l'esclave est absolu, bien qu'il sache que l'esclave appartient à autrui; son maître primitif se trouve n'avoir plus sur lui aucun droit. L'esclave pouvait toutefois offrir au *redemptor* le remboursement du prix payé par lui pour acquérir l'esclave; dans ce cas l'esclave sera réputé être revenu à son ancien maître *jure postliminii.* Il y avait donc une limite au pouvoir absolu du *redemptor.* En conséquence pour éviter la rescision de son droit le *redemptor* avait intérêt à prescrire contre le droit de résolution de sa propriété; il avait intérêt à usucaper l'esclave, résultat singulier, puisqu'en principe on ne peut pas usucaper sa propre chose. Tryphoninus lui reconnaît cependant ce droit, pourvu qu'il soit de bonne foi et qu'il ait un juste titre. Toutefois il n'y a peut-être là qu'une quasi-usucapion plutôt qu'une véritable usucapion ; en tous cas une fois le délai ordinaire de l'usucapion accompli, l'esclave deviendra définitivement la propriété du *redemptor*. Dans le même ordre d'idées, on peut se demander, lorsque le *redemptor* affranchit cet esclave, quel est le résultat de cet affranchissement ? L'esclave acquèra-t-il la liberté ou redeviendra-t-il la propriété de son ancien maître ? Cette question est très longuement discutée par Tryphoninus dans la loi 12 § 9. Après bien des hésitations, il décidé que l'esclave sera libre, car le *redemptor* en l'affranchissant a fait directement ce qu'il pouvait faire indirectement ; il aurait pu le vendre à un possesseur de bonne foi qui, après en être devenu propriétaire, aurait pu l'affranchir.

§ 3. — Le *redemptor* peut disposer du droit qu'il a sur les personnes ou sur les choses. Il peut le céder entre-vifs ou à cause de mort. Il peut le vendre, et il passe à ses héritiers, s'il vient à mourir avant le remboursement. Cette cession ne peut préjudicier ni au *redemptus* ni au propriétaire primitif de la *res redempta*. Ils ne sont pas en effet obligés, pour se libérer ou libérer leur bien, de payer un prix supérieur au *pretium redemptionis* payé par le *redemptor* ; le cessionnaire de son côté, quel qu'ait été son prix d'acquisition, ne peut exiger que le remboursement du *pretium redemptionis* ; le recours s'exercerait, s'il y a lieu, par l'*actio ex empto*.

§ 4. — Comment cesse le droit du *redemptor* ? La question est importante, car, lorsque le *jus redemptoris* sera brisé alors seulement le *postliminium* produira ses effets. Il y a divers modes d'extinction de ce droit.

En premier lieu, il faut placer le paiement du prix de rachat : c'est le mode normal. Le *redemptor* ne pouvait le refuser, car son droit sur la personne ou l'objet ne lui était accordé qu'à titre préventif, pour ne pas l'exposer à des pertes pécuniaires.

Le remboursement pouvait lui être offert, soit par le *redemptus* lui-même *suis nummis* ou le propriétaire primitif de la *res redempta*, soit par un tiers quelconque.

Toutes les facilités étaient d'ailleurs données au rédimé pour lui permettre de se racheter ; il pouvait, comme nous l'avons vu, faire addition aux successions qui pouvaient lui écheoir, précisément afin de libérer.

Le paiement ne soulève aucune difficulté, lorsque le *redemptus* a été racheté seul et pour un prix déterminé. Mais il devait arriver souvent que le rachat ait eu lieu en bloc et pour une somme unique ; dans ce cas, il fallait faire une ventilation et recourir à un *arbitrium judicis* ; de cette façon chaque propriétaire, chaque individu, pourra rembourser la somme afférente à chaque chose ou à chacun (L. 12, § 18, *hoc titulo*). A l'inverse, si l'esclave racheté ou la chose appartenait à plusieurs maîtres, il est évident que si un seul ou quelques-uns seulement d'entre eux payaient le *redemptor*, l'esclave ou la chose ne retombait que sous la puissance de celui qui avait effectué le remboursement.

Au paiement, il faut assimiler la remise faite au *redemptus* par le *redemptor*. Cette renonciation pouvait être expresse, quand le rédimant déclarait, soit par acte entre-vifs, soit par testament, qu'il ne réclamerait pas le remboursement ; c'est ainsi qu'il pouvait léguer le *redemptus* à lui-même : « *Qui ab hostibus redemptus est, legari sibi poterit et proficiet legatum ad liberationem vinculi pignoris quod in eo habuit qui redemit.* » Elle pouvait aussi être tacite ; c'est ce qui avait lieu quand le *redemptor* épousait la *redempta.*

Le droit de *redemptor* finit encore par la mort du rédimé ou la perte de la chose rachetée. En effet, l'objet du gage n'existant plus, il a perdu toute garantie et il ne peut réclamer aucun remboursement. Au cas de mort d'un homme libre, on se demandait si ses enfants pouvaient invoquer la qualité d'héritiers siens? L'affirmative ne peut faire aucun doute, car le *redemptus* est considéré comme mort en possession de ses droits de citoyen. Fallait-il au moins qu'ils eussent payé la rançon de leur auteur au rédimant? Il y avait controverse parmi les jurisconsultes, mais la solution négative semblait l'emporter, car, par la mort du *redemptus* le droit du *redemptor* a été brisé.

Enfin le *redemptor* voit disparaître son droit lorsqu'il prostitue la *redempta* (l. 7. Cod. VIII, t. 51) et lorsqu'il y a une prescription quinquennale. Les empereurs Honorius et Théodose décidèrent en effet que le rédimé qui aurait passé cinq ans au service du rédimant serait affranchi de ses devoirs envers lui ; des peines sévères étaient prononcées contre les *redemptores* qui violaient cette règle.

Tels étaient les divers évènements qui rendaient au captif racheté l'exercice effectif du *postliminium.* Deux moyens

d'ailleurs étaient donnés au *redemptus* pour faire respecter ses droits alors qu'il avait un droit acquis au recouvrement de son indépendance. Il y avait d'abord le vieil
interdit *de homine libero exhibendo*, applicable à notre
matière, par lequel on réclamait la liberté d'un homme
libre détenu injustement. Il y avait en second lieu un
recours possible au *prœses provinciœ* pour contraindre le
redemptor à ne plus user de ses droits sur le *redemptus.*

Telle était la *redemptio* et la restriction qu'elle appor-
tait à l'exercice du *postliminium ;* cet aperçu général
s'imposait comme complément à la fin de cette étude.

CONCLUSION

Après avoir dans les chapitres précédents examiné les origines et les conditions du *postliminium*, après en avoir analysé un à un les principaux effets, il est possible maintenant de dégager les grandes lignes de cette institution juridique.

Le *postliminium* repose sur l'hypothèse que la captivité de guerre détermine un état d'esclavage ; il sert à faire disparaître pour l'avenir les suites fâcheuses de cette institution et permet au captif rapatrié de rentrer rétroactivement et de plein droit dans sa condition juridique antérieure. A cet effet le captif est considéré comme ayant dormi pendant toute la durée de sa captivité ; à son sommeil répond l'état d'indécision qui caractérise le sort de sa personne et de ses intérêts pendant cette période ; il se retrouve lui-même à son réveil, tel qu'il était avant ce véritable songe. Que l'on ne s'y trompe pas, en effet, le but important de la fiction du *postliminium* n'était pas de rétablir les droits du captif, mais de les tenir en suspens pour les faire revivre comme s'ils ne s'étaient jamais éteints. C'était là le point délicat, et c'est à propos de cet état de suspension que se sont élevées les questions les plus graves.

C'est sans doute la réunion de ces trois états de fait : indécision, suspension, rétroactivité, situations empreintes d'une subtilité juridique incontestable, qui n'a pas permis de faire du *postliminium* une institution complète et irréprochable. Que l'on reprenne l'un après l'autre les divers résultats auxquels amène l'application du *postliminium* et l'on verra sans peine qu'ils ne sont pas aussi satisfaisants que l'on pourrait le désirer. La fiction n'opérait que passivement et non activement. Tous les droits qui pouvaient se réaliser sur la tête du captif, sans qu'il y eût de sa part un fait personnel, pouvaient lui compéter, pendant sa captivité; au contraire tous ceux qui auraient nécessité sa présence lui étaient enlevés. D'autre part, il pouvait être obligé malgré lui par les dettes contractées par des personnes soumises à sa puissance, et, conséquence bizarre, il ne pouvait pas s'obliger personnellement. Il ne pouvait tester, mais il pouvait être institué. Ces exemples suffisent pour montrer que la conception était incomplète. Dès que le citoyen, fait captif pour le salut de Rome, méritait une récompense, dès qu'on le considérait comme n'ayant jamais été en servitude, il aurait fallu pousser la logique jusqu'au bout, et le traiter comme s'il eût été simplement absent de sa patrie.

L'assimilation n'a pas été faite. Cela tient à la méthode peut-être trop savante que le droit romain a employée. Il aurait pu arriver à un résultat plus complet, en procédant, comme l'aurait voulu Bechmann, par voie d'exception et non par voie de fiction. La règle aurait été que le prisonnier tombé en esclavage perdît par ce fait tous ses droits ; l'exception, qu'il ne perdît pas les droits qu'il possédait antérieurement pourvu qu'il revînt *postliminio*. La fiction au contraire maintient la règle sans l'exception, en traitant l'exception réellement existante comme si la règle ne s'y appliquait pas. Le prisonnier perd ses droits, mais, par rapport aux droits qu'il possédait avant la captivité, il est considéré, s'il revient *postliminio*, comme s'il n'avait jamais été prisonnier.

Malgré cette juste critique, nous pouvons avouer, qu'à notre avis, cette institution montre bien un peuple avancé dans la science juridique et ne reculant pas devant les problèmes les plus abstraits du droit. Sans doute le *postliminium* aurait pu avoir une fin plus pratique, mais c'est justement cette idée de fiction purement théorique qui donne ce caractère original et curieux que nous avons cru voir dans cette institution.

TABLE DES MATIÈRES

DROIT ROMAIN

DU Postliminium.

THÈSE

DE DROIT FRANÇAIS

INDEX BIBLIOGRAPHIQUE

Aguillon. — Législation des mines (Paris, 1886).

Annales des Mines. — Tome X (1881).

Chavegrin. — Cours de droit administratif : *Régime des Eaux* (Faculté de droit de Paris, 1891-93).

Dalloz. — Répertoire de Législation Tome XIX, et Supplément au Répertoire de Législation : Tome VI.

Dechambre. — Dictionnaire encyclopédique des sciences médicales. Tome XXI, (Paris, 1885).

Ducrocq. — Cours de droit administratif (Paris, 1881).

Féraud-Giraud. — Codes des mines et mineurs (Paris, 1887).

Fliche. — Régime légal des eaux de source et des eaux thermales (Paris, 1882).

Gazette du Palais. — Répertoire encyclopédique du droit français. Tome V.

Germond de Lavigne. — La législation des eaux minérales de France (Paris, 1872).

Nadault de Buffon. — Traité des eaux de source et des eaux thermales (Paris, 1870).

Pandectes belges. — Encyclopédie. Tome XXXIV.

Pardessus. — Traité des servitudes óu services fonciers (Paris, 1838).

Picard. — Traité des eaux (Paris, 1890).

Pietra Santa. (Dr) — Eaux minérales naturelles françaises et étrangères (Paris, 1892).

Proudhon. — Traité du domaine public (Dijon, 1843-1845).

Sabadel. — La législation sur les eaux minérales (Montpellier, 1865).

DROIT FRANÇAIS

DU RÉGIME LÉGAL

DES EAUX MINÉRALES OU THERMALES NATURELLES

GÉNÉRALITÉS

Le Code civil édicte dans un intérêt privé un certain nombre de restrictions à la libre disposition d'une source. A côté de ces restrictions manifestées par le titre, la destination du père de famille, la prescription, déjà voisine d'un intérêt général (art. 641 Code civil) se placent les restrictions qui ont leur origine dans un intérêt public proprement dit. Elles portent sur les eaux souterraines comme sur les eaux de source et sont de quatre sortes : 1° Celles qui sont édictées par l'article 643 du Code civil en faveur des eaux servant à l'alimentation d'une commune, d'un village ou d'un hameau ; 2° celles qui résultent de la loi du 21 avril 1810 modifié par la loi du 27 juillet 1880 en faveur des eaux qui se trouvent dans le périmètre d'une mine concédée ; 3° celles qui sont énoncées par la loi du 17 juin 1840 en faveur des eaux salées ; 4° enfin celles que consacre la loi du 14 juillet 1856 pour la conservation et l'aménagement des eaux minérales ou thermales.

Dans tous ces cas, on rencontre l'intérêt privé en opposition avec l'intérêt public ; dans tous ces cas, c'est l'intérêt privé qui doit fléchir, et spécialement en matière d'eaux minérales ou thermales. Cette nouvelle et grave restriction à la liberté de la propriété a pour origine la nature de l'eau. C'est parce que l'eau contient des vertus curatives, parce qu'elle est reconnue utile à la santé publique que le Gouvernement s'attribue le droit d'en régler et d'en surveiller l'usage.

Une définition s'impose au début : « Les *eaux minérales* « sont toutes celles qui en raison soit de leur tempéra-« ture supérieure à celle de l'air ambiant, soit de la « quantité et de la nature spéciale de leurs principes « salins et gazeux, sont ou peuvent-être employées comme « agents médicamenteux » (Lefort). Au-dessus de 25 degrés centigrades environ, elles prennent le nom d'*eaux thermales.*

On a beaucoup écrit sur les causes de la formation de ces eaux dans le sein de la terre et surtout de leur calorique. Aucun savant, croyons-nous, n'a pu jusqu'ici donner une explication rigoureusement exacte et satisfaisante de ces phénomènes dans lesquels il y a quelque chose de mystérieux que la science ne peut expliquer. Mais il est du moins un point reconnu presqu'universellement de nos jours, c'est le pouvoir bienfaisant des eaux minérales ; la Faculté de médecine consultée s'est prononcée en ce sens dès la fin du siècle dernier. Ces eaux sont par suite une richesse pour un pays.

A ce point de vue la France occupe un des premiers rangs, si ce n'est le premier, parmi les nations européennes. Elle possède en effet plus de mille localités où jaillissent des sources d'eaux auxquelles on a reconnu une certaine vertu médicinale (1). Environ trois cents se trouvent disséminées dans 77 communes appartenant à 40 départements différents. Sur ces 77, 8 seulement appartiennent à l'Etat en toute propriété : ce sont celles de Vichy, Bourbon l'Archambault, Néris, Bourbonne, Provins, Plombières, le Mont Dore et Saint-Amand ; 44 appartiennent à des communes, 25 à des particuliers (2).

A côté de la France il convient de placer l'Allemagne, l'Autriche, la Suisse, l'Italie, l'Espagne, la Belgique enfin qui à elle seule en contient un grand nombre : le bourg

1. Plus exactement au 1er juillet 1882, la France et l'Algérie comptaient 1102 sources dont 1027 exploitées ; celles-ci avaient été visitées par 221.000 malades environ (Statistique du Ministère des Travaux Publics, 1882).

2. Au point de vue de leur importance, les 77 sources sont classées ainsi : 12 de premier ordre (eaux sulfureuses de Barèges, Cauterets, Luchon etc., eaux gazeuses de Vichy, Mont-Dore etc. ; eaux salines de Plombières, Luxeuil, etc.), 11 de second ordre (Ax, Eaux-Chaudes, Enghien, Néris, eaux salines de Balaruc etc.) ; 54 de troisième ordre (Aix, Cambo, etc.). — Au point de vue de leur température, 3 sont presque bouillantes (Aix, Arles, Chaudesaigues, 87°,10 ont de 50 à 60° ; 20 ont la température des bains ordinaires ; les autres sont tièdes ou froides.

de Spa on compte huit dont la principale est celle du *Pouhon*.

L'importance des sources minérales est donc grande. Depuis le milieu de ce siècle surtout leur emploi a pris un développement considérable, grâce aux facilités de locomotion : les malades ont afflué vers les établissements thermaux et des sources autrefois ignorées ont été aménagées et livrées à l'usage public. Un tel résultat devait appeler l'attention de l'Administration. Il était à craindre en effet que chaque propriétaire vint à prétendre qu'il possédait dans son fonds des sources de cette nature, quoiqu'elles fussent réellement sans vertu, et ne les exploitât au grand détriment de la santé publique et des établissements déjà reconnus par l'Etat. De plus, un second danger pouvait venir des propriétaires voisins des sources déjà existantes : soit pour se réserver l'usage à leur profit de l'eau des sources, soit pour nuire par esprit de jalousie à autrui, ils avaient tout intérêt à couper les veines qu'ils auraient pu avoir dans leur terrain et qui contribuaient pour leur part à l'alimentation de la source en exploitation. Le péril était d'autant plus grave qu'il était pour ainsi dire le résultat inévitable de la législation en vigueur.

Nos codes, en effet, ne réglementent en aucune façon le régime des eaux minérales. Le Code civil, quand il édicte des principes généraux en matière de sources, n'a aucunement en vue les eaux thermales, et cela est si vrai que les seuls principes qu'il édicte seraient, s'ils étaient applicables à ces eaux, la ruine même des établissements thermaux. Que deviendraient ceux-ci s'ils étaient soumis à l'article 552 ainsi conçu : « La propriété du sol « emporte la propriété du dessus et du dessous », et à l'article 641 qui porte : « Celui qui a une source dans « son fonds peut en user à sa volonté »? Ce sont cependant les seuls articles qui aient trait aux sources ; or il en découle que le droit du propriétaire sur les nappes liquides cachées dans le tréfonds est absolu ; qu'en conséquence il péut faire des sondages pour chercher l'eau et la faire jaillir en dehors, alors même que cela devrait nuire au voisin, sans que celui-ci puisse prescrire contre ce droit ni réclamer aucune indemnité ; qu'enfin il peut faire de l'eau une fois captée ce que bon lui semble. L'application d'une telle législation au régime des eaux minérales était impossible à maintenir et l'intervention du Gouvernement s'imposait. D'anciennes ordonnances, de nombreux règlements et décrets, et en dernier lieu une loi spéciale, celle du 14 juillet 1856, sont venus suppléer au silence du Code en limitant les droits de propriété et en déterminant les limites dans lesquelles devait s'exercer le contrôle de l'Etat.

L'intervention de l'Administration était nécessaire à plusieurs points de vue : la santé publique l'exigeait ; la sauvegarde des droits des propriétaires qui possédaient des sources d'eaux minérales ou thermales contre ceux des propriétaires voisins de ces sources la réclamait ; l'exploitation des établissements devait être sous sa surveillance ; la vente des eaux sous son contrôle. Une étude complète de la question comprendrait l'examen de ces divers points. Mais, omettant la partie industrielle et commerciale du sujet, c'est-à-dire l'exploitation des établisse-

ments thermaux et la vente des eaux naturelles ou artificielles, nous nous proposons seulement d'examiner la
législation actuellement en vigueur sur les autres points,
c'est-à-dire de voir comment elle a protégé les sources
thermo-minérales naturelles contre leur propriétaire lui-
même et les atteintes des tiers. Nous insisterons plus
spécialement sur la façon dont le législateur a été histori-
quement amené à réglementer le régime des eaux minérales et à concilier l'intérêt général avec l'intérêt privé des
propriétaires de sources. Les mesures de protection qui
ont été prises à cet effet, les indemnités qui peuvent en
résulter, les règles de compétence, enfin la recherche
des réformes qui s'imposent encore aujourd'hui, complè-
teront cette étude.

En un mot, le but de ce travail est de montrer les restrictions apportées par le législateur dans l'intérêt public
à la propriété des sources d'eaux minérales ou thermales,
c'est-à-dire les modifications en ce qui les concerne au
droit absolu consacré par les articles 552 et 641 du code
Napoléon. Leur étude apparaît ainsi comme un complément du droit civil, tout en touchant par sa partie régle-
mentaire au droit administratif.

CHAPITRE PREMIER

HISTORIQUE ET LÉGISLATION.

Sommaire : I. — **Antiquité et Moyen-Age.** — II. — **Temps modernes.** Premiers édits et règlements d'Henri IV. Arrêts de 1715 spéciaux aux bains de Balaruc et au sieur Mauron. — Arrêt de 1732 spécial aux eaux de Barèges. Mesures prises de 1772 à 1775. — Arrêt du 5 mai 1781. — III. — **Période intermédiaire.** — Arrêtés du Directoire du 23 Vendémiaire an VI et 29 Floréal an VII. Arrêté des Consuls du 3 Floréal an VIII. — IV. — **Empire et Restauration.** Code civil. Ordonnance du 18 juin 1823. — V. — **Gouvernement de Louis-Philippe.** Insuffisance de la législation en vigueur. Dangers de la jurisprudence de la Cour de Cassation. Discussions à la Chambre des Pairs et à la Chambre des Députés de 1837 à 1847. — Projet de 1837 adopté par la Chambre des Pairs et repoussé par la Chambre des Députés : amendements proposés. — Projet de 1846 adopté par la Chambre des Députés et rejeté par la Chambre des Pairs. — Projet de 1847. — VI. — **Gouvernement provisoire de 1848.** Décret du 10 mars 1848. — VII. — **Loi du 14 juillet 1856.** Discussion de la loi. Ses dispositions principales ; réformes qu'elle consacrait. Décrets du 8 septembre 1856 et 28 janvier 1860. — VIII. — **Décisions diverses.** Article 50 de la loi du 27 juillet 1880. — Loi du 12 février 1883. — Décret des 11-15 avril 1888. — Arrêté ministériel du 22 juin 1889. — Décret du 5 janvier 1889. — IX. — **Législation coloniale et étrangère.** — Algérie, Belgique, Allemagne, Autriche, Italie, Espagne.

Presqu'à toutes les époques de l'histoire les établissements d'eaux minérales semblent avoir été placés sous la haute surveillance de l'autorité. C'est qu'en effet chez les peuples anciens comme chez les peuples modernes, les eaux de cette espèce furent toujours considérées comme se rattachant par leur usage à un intérêt public (1).

I. — En Grèce, les eaux ne paraissent pas avoir fait l'objet d'une réglementation quelconque ; elles y étaient peu en usage, et Homère ne nous en parle pas. Cependant les Grecs les honoraient, les sources d'eaux chaudes surtout, comme un bienfait divin. Celles-ci étaient dédiées à Hercule, le dieu de la Force, sans doute en l'honneur de celle que cette divinité, sous le symbole de l'eau jaillissante, procurait aux malades. Aristote, Plutarque, Strabon vantent plus spécialement les bains d'Ædepse. Les placer ainsi sous l'invocation d'une divinité r'était-ce pas déjà une manière de les faire jouir de la protection publique ?

Du temps des Romains, les sources thermales constituaient de véritables propriétés publiques et comme telles placées sous la surveillance de l'Etat. Pline (2), Galien (3), Vitruve (4), Sénèque le Philosophe (5), Aétius, Oribase, qui vivait sous Julien, font l'éloge des diverses propriétés des eaux et donnent des avis sur leur emploi. Les Romains en effet faisaient grand cas des eaux thermales, et ils fréquentaient surtout deux bains, ceux de Baïa et de Clusium : à Baïa se trouvaient des sources

1. Dr de Pietra Santa. *Eaux minérales naturelles* (Paris, 1892).
2. Pline. *Histoire naturelle*, III, ch. 2, XXXI, § 2.
3. Galien. *De facult. simpl.* X.
4. Vitruve. VIII.
5. Sénèque. *De natural.* III, 1.

d'eaux chaudes, à Clusium des sources d'eaux froides.
Horace les chante dans les vers suivants :

> « . . . . *Baias*
> « . . . .
> « *Dictaque cessantem nervis elidere morbum*
> « *Sulfura contemni, vicus gemit invidus œgris*
> « *Qui caput et stomachum supponere fontibus audent*
> « *Clusinis, Gabiosque petunt, et frigida rura* (1).

Partout où les Romains portaient leurs armes, leurs
premières recherches étaient dirigées vers les sources
d'eaux thermales ; ils considéraient, en effet, qu'elles
avaient une propriété spéciale pour guérir les blessures ;
c'est ainsi qu'ils visitèrent surtout *Aquæ Sextiæ* (Aix en
Provence) et *Aquæ Neræ* (Néris). Ils élevèrent de véritables palais autour des sources et la magnificence des Empereurs décora ces *Thermes* du luxe des arts ; si bien que
dans les derniers temps de l'Empire, il n'y avait guère,
en Espagne, en Afrique, dans les Gaules, de ville un peu
importante et fréquentée par les Patriciens romains qui
ne possédât une station thermale. Malgré cet usage fort
répandu des eaux, elles ne semblent pas, tout comme en
Grèce, avoir été l'objet de prescriptions spéciales pour
leur conservation ou leur aménagement.

Dans les temps barbares qui suivirent l'anéantissement
de la civilisation romaine, les *Thermes* furent détruits, et
les fontaines abandonnées se comblèrent. Aucune mesure
ne fut prise pour les sauvegarder. Il en fut de même
dans les premiers siècles du Christianisme. Soit que les

1. Horace. *Epist.* 1, 15.

chrétiens recherchassent plus la santé de l'âme que celle du corps, soit qu'ils considérassent que les eaux, qui avaient été placées sous la protection des divinités païennes ne pouvaient être que malfaisantes, ils les abandonnèrent. Mais bientôt un changement se fit ; quelques fontaines avaient survécu au pillage et à la destruction ; les prêtres chrétiens reconnurent la vertu de leurs eaux, et ils les placèrent à leur tour sous la protection de quelques saints ; les fidèles y vinrent en foule et on assiste pendant tout le cours du moyen-âge à un long défilé de pèlerins vers les sources, auxquelles ils attribuaient des guérisons miraculeuses (1). A la même époque en Espagne, Averroës mettait en honneur certaines sources minérales, en autres celles d'Alhama (2), suivant en cela les prédilections d'Avicenne pour ces sortes d'eaux. En France, la renaissance des eaux minérales apparaît surtout au xiiie siècle ; les grands feudataires et les corporations religieuses y concoururent ; mais le mouvement fut marqué tout spécialement après la cinquième croisade, quand Saint-Louis institua les maladreries. A partir de ce moment jusqu'au xvie siècle, les eaux thermales gagnèrent chaque jour un rang plus important. Quoi qu'il en soit, ce qui caractérise toute cette longue période c'est l'absence, tant à Rome qu'en Gaule, de prescriptions relatives à la conservation ou l'aménagement des sources thermales romaines ou gallo-romaines.

II. — Il faut aller jusqu'au règne d'Henri IV pour

1. On sait combien étaient fréquentés au moyen-âge les bains de Pfœfers dans les Grisons.

2. *Alhama* est un terme générique qui veut dire *source* en arabe.

trouver trace d'un premier essai de réglementation. Les eaux des Pyrénées étaient en ce moment fort en honneur. Le roi Henri en fit usage pendant sa jeunesse, et ayant été à même d'en apprécier les effets salutaires se proposa de régulariser leur emploi. Il rendit à cet effet en 1605 plusieurs édits et lettres patentes, qui avaient pour but d'assurer la surveillance des eaux du royaume, et qui nommaient des surintendants chargés de ce service ; on peut y voir les ancêtres de nos médecins-inspecteurs (1). Peut-être Henri IV s'était-il laissé influencer par Montaigne qui dans son *Voyage aux diverses eaux d'Europe*, cite comme exemple, la « loi » édictée par le duc de Lorraine pour les eaux de Plombières (2). Malgré tout les mesures prises étaient insuffisantes.

Il ne suffisait pas de faire surveiller les sources ; celles-ci prenaient de jour en jour une importance plus considérable. Il fallait lutter contre la toute puissance d'un propriétaire qui aurait eu dans son fonds une source et qui en aurait coupé les veines, ou l'aurait captée en s'en réservant l'usage exclusif. En ce sens, des lettres royales furent rendues en 1709 ; mais rien encore d'efficace ne s'était produit. Un autre danger était à prévoir venant des tiers. Il se produisit à peu de temps de là, à propos des bains de Balaruc (Hérault). En l'année 1715 les eaux qui alimentaient ces bains faillirent être taries ; un sieur

(1) Un édit de 1605 signé à Fontainebleau donna au Dr de Larivière, premier médecin du roi, la surintendance générale des eaux du royaume.

(2) Journal du Voyage de Michel Montaigne en Italie, Suisse, Allemagne en 1580 et 1581 T. I, p. 21 (Edit. Le Jay: Paris, 1775).

Mauron coupa une partie des veines de la source, et deux
arrêts furent rendus : ils avaient pour but de garantir par
une zône défensive les bains en question contre le danger
des fouilles. Ils ont donc, plus d'un siècle avant la loi de
1856, posé le principe que cette loi a rendu général, et
résolu par avance, pour un cas particulier, il est vrai, le
problème du périmètre de protection. A ce titre, ils méritent d'être cités. Le premier fut rendu le 29 janvier 1715 :
« Sur la requête présentée au Conseil et contenant que
« les bains de Balaruc situés dans le diocèse de Mont-
« pellier, sont si utiles au public pour la guérison de
« plusieurs sortes de maladies et leur réputation si éten-
« due qu'on y vient de toutes parts et qu'on envoie ses
« eaux à Paris et en d'autres pays plus éloignés encore
« pour ceux qui ne peuvent pas les venir prendre à la
« source ; que pour procurer au public toutes les com-
« modités qu'il pouvait souhaiter, les propriétaires des
« dites eaux ont fait de grandes dépenses ; que néan-
« moins le sieur Mauron, par envie contre les proprié-
« taires des dits bains, a entrepris de les faire perdre
« sous prétexte de vouloir faire un puits dans son propre
« fonds, ce qui donne lieu à un procès qui est pendant
« au Parlement de Toulouse ; mais, d'autant que le public
« est encore plus intéressé à la conservation des dits
« bains que ceux qui en sont propriétaires, et que si la
« maxime ordinaire qu'un particulier peut creuser dans
« son propre fonds avait lieu en cette occasion, les dits
« bains seraient perdus... Fait défense au dit Mauron et
« à tous autres de faire des creux, fossés ni aucun autre
« ouvrage qui puisse détourner ou rompre le cours des.

« eaux des bains de Balaruc, à peine de tous dépens,
« dommages et intérêts. »

Le second arrêt, en date du 14 décembre 1715, détermine un périmètre de protection et reconnaît à Mauron son droit à une indemnité « Fait défense tant à Mauron
« qu'à tous autres de faire aucun puits, fossés, creux ni
« excavations ou fondations de maisons ni autres ouvrages
« qui puissent préjudicier aux eaux des bains de Balaruc
« tant dans le champ du dit Mauron que dans la petite
« montagne appelée la *Puech d'Aix* d'où dérivent les
« sources des dites eaux, ni aux environs dans l'espace
« qui est limité d'un côté par le grand chemin et d'un
« autre côté par une ligne tirée du chemin ; Ordonne
« qu'il sera planté des signaux pour marquer le dit
« espace, sauf au dit Mauron de se pourvoir aux Etats
« de la dite province pour lui être accordé quelque indem-
« nité, s'il y a lieu, ou agir, pour raison de ce, contre
« les propriétaires des dits bains. »

Un pas énorme était fait. Le 6 mars 1732 un arrêt analogue, mais toujours spécial, fut rendu à propos des sources de Barèges. Il prescrivait la démolition d'office de toutes constructions gênantes pour l'établissement et fit défense aux propriétaires des fonds situés au-dessus de Barèges de mettre l'eau des torrents dans les prés afin d'éviter leur mélange avec les eaux chaudes. Il défendit en outre de couper certains arbres et bois utiles pour retenir les terres et empêcher les ondées ou ravins qui pouvaient endommager les bains de Barèges ; interdit de construire sans permission et sans alignement préalable auquel on devait se conformer à peine de démolition et 200 livres d'amende.

Les arrêts du 29 janvier et du 14 décembre 1715 furent complétés par un arrêté du 31 mars 1783, qui avait pour objet de les étendre à toutes autres personnes qu'au sieur Mauron et d'en faire ainsi une mesure générale, restant toutefois spéciale à l'établissement de Balaruc. L'arrêt du 6 mars 1732 fut déclaré exécutoire par un décret du 30 Prairial an XII; les contraventions à l'arrêt du 6 mars 1732, combinées avec celles du décret précédent, furent assimilées aux contraventions de grande voirie ; commé telles constatées par les agents de l'Administration et poursuivies devant le Conseil de Préfecture avec recours au Conseil d'État.

Ce n'était là que des textes spéciaux relatifs à certaines sources prises en particulier; c'est ce qui caractérise toute cette première période de la réglementation des eaux minérales. On aurait pu s'attendre à ce qu'une exception si utile fût érigée en principe par le législateur dans la suite. Il n'en fut rien. Et cependant l'utilité en semblait telle que, malgré l'absence d'une loi, quelques auteurs crurent pouvoir généraliser ces prescriptions spéciales à certaines sources; c'est ainsi que Pardessus dit à ce propos : « Nous pensons que les mêmes règles « seraient applicables à d'autres eaux thermales (1). » Il fallut attendre jusqu'en 1856. Depuis cette date, les arrêtés sur les sources de Balaruc et de Barèges, n'offrent plus qu'un intérêt historique; toutefois, comme ils n'ont

1. Pardessus. *Traité des servitudes ou services fonciers.* T. I, p. 342 (Paris, 1838).

pas été abrogés, ils restent encore en vigueur pour les prescriptions qui sont relatives à chacun de ces établissements, et valent à leur égard comme réglements d'administration publique.

Cependant une mesure générale s'imposait. Dès 1772 un essai avait été fait en ce sens. C'est à cette année que remonte le premier acte indiquant d'une manière positive l'intervention de l'autorité en cette matière, mais il ne s'occupait que de la police sanitaire des sources. La déclaration du 25 avril 1772 prescrivit des mesures en vue d'assurer la pureté et la salubrité des eaux ; elle institua une Commission Royale de Médecine pour l'examen des eaux minérales ; trois commissaires étaient chargés de veiller, en qualité d'inspecteurs généraux, sur toutes les eaux déjà connues et faire des recherches nécessaires pour en découvrir de nouvelles. Cette déclaration fut complétée par des arrêts du Conseil en date du 1er avril 1774 et 12 mai 1775, par une Déclaration du Roi du 26 mai 1780 et un arrêt du 5 mai 1781. Ce dernier arrêt seul est intéressant à connaître, car c'est lui qui a inspiré les diverses lois ou ordonnances qui ont dans la suite réglementé les eaux thermales. Il créa des Intendants des Eaux Minérales choisis parmi les médecins les plus habiles. Ceux-ci devaient rendre compte chaque année au Surintendant Général des Eaux, qui est le premier médecin du roi, et à la Société de Médecine de l'état des sources. Ils devaient veiller à leur entretien et à leur conservation, et assister à tous les puisements aux sources. Tout propriétaire qui découvrait une source dans son fonds était tenu d'en avertir sans retard la Société de

Médecine qui, après examen, en défendait ou en autorisait l'usage ; c'est la première tentative que l'on rencontre en ce sens. Les eaux ne pouvaient être vendues que par le propriétaire à la source et au prix fixé par la Société ; c'est elle enfin qui connaissait des plaintes des particuliers sur la distribution des eaux.

III. — Telles étaient les mesures de protection prises sous l'ancien régime en vue d'assurer la conservation des eaux minérales : procéder par actes spéciaux était la règle, par actes généraux, l'exception. Le Gouvernement Républicain s'en tint à des prescriptions sanitaires d'ordre général : trois mesures principales furent prises (1).

La première fut un arrêté du Directoire du 23 Vendémiaire an VI. Il décida principalement que les militaires blessés au service de la patrie et les indigents recevraient gratuitement le secours des eaux. Cette prescription s'appliquait aux sources des particuliers, comme à celles de l'Etat, mais les premiers pouvaient obtenir de l'Administration la fixation des jours et heures auxquels les indigents pourraient venir user des eaux.

La deuxième mesure fut un arrêté émanant encore du Directoire en date du 29 Floréal an VII ; il vint renouveler et compléter l'arrêté du Conseil du 5 mai 1781. Le Directoire déclara que les anciens règlements étaient ou oubliés ou non exécutés, et que cette inexécution résultait d'abus et d'exactions ; en conséquence, il apporta, dans l'intérêt public, des restrictions nouvelles à la propriété

____

1. V. Sabadel *La législation sur les Eaux minérales* (Montpellier, 1865).

des eaux thermales, et prescrivit une surveillance plus minutieuse. Il régla, dans l'article 17 de son arrêté, les formalités que devaient remplir les propriétaires qui décou-vraient une source dans leur terrain ; il définit les devoirs des commissaires, fixa le tarif des eaux, etc.

Cet arrêté, qui renferme en outre d'autres dispositions de détail, fut suivi d'un troisième arrêté ; c'est l'arrêté des Consuls du 3 Floréal an VIII spécial aux sources de l'Etat : il détermina principalement les conditions de la mise en ferme des eaux minérales et les divisa en diver-ses classes suivant leurs produits. Ces dispositions furent étendues aux Communes par un arrêté du 6 Nivôse an XI qui alla même plus loin. Dans son article 10, il s'occupait plus particulièrement des simples p· ·riétaires d'eaux minérales ou thermales. Il décidait entre autres choses « que les propriétaires sont tenus de se conformer aux « réglements de police des eaux minérales et de pourvoir « sur le produit de ces eaux au paiement de l'officier de « santé que le Gouvernement jugera nécessaire de com-« mettre pour leur inspection. » Notons cette dernière mesure que nous retrouverons dans la suite de nos expli-cations.

IV. — Avec l'Empire apparaît le Code civil. On pou-vait s'attendre à ce qu'il eût consacré quelques articles aux eaux thermales, ou du moins qu'il eût ordonné de faire des réglements sur la question. Il n'en fit rien. Bien, au contraire, comme nous l'avons vu, il aggrava la situation et donna implicitement tort aux tentatives qui avaient été faites jusque-là pour arrêter le mal. En déci-dant dans son article 552 que « la propriété du sol emporte·

« la propriété du dessus et du dessous » il laissait le champ libre aux possesseurs de sources minérales ; il leur permettait de faire impunément des fouilles dans leur propre fonds, quitte à tarir les sources d'eaux alors exploitées ; c'était la perte de celles-ci.

Cependant certains propriétaires, forts du silence de la loi, mirent en danger les eaux du Mont-Dore. L'Empire, reprenant alors le système de l'ancien régime, procéda par voie spéciale, et rendit deux ordonnances, analogues aux arrêtés de 1715 et de 1732 ; l'une le 13 mars 1810, l'autre le 18 mai 1813 relatives exclusivement aux sources du Mont-Doré. Elles établissaient certaines servitudes sur les fonds avoisinant les sources et tendaient à empêcher le mélange des eaux provenant de la fonte des neiges avec les sources thermales.

Mais ce n'était toujours là que des mesures isolées succédant aux lois, décrets ou ordonnances ayant le même caractère. Ce qui manquait, c'était une unité de législation sur les eaux thermales. C'est cette lacune que se proposa de combler l'Ordonnance royale du 18 juin 1823, rendue en Conseil d'Etat, sur le rapport du Ministre Secrétaire d'Etat au département de l'Intérieur. Elle réunit les prescriptions éparses dans les divers actes qui l'avaient précédée, les présenta dans un même ensemble et les mit en harmonie, soit entre elles, soit avec ce qui s'y rapportait dans les autres services publics.

Divisée en trois titres, elle s'occupe à la fois des eaux minérales naturelles et des eaux minérales artificielles.

Dans son titre I, elle soumet tout établissement appartenant à l'Etat, aux Départements, aux Communes ou à des particuliers à une autorisation préalable délivrée par le ministre de l'Intérieur, sur l'avis des autorités locales, après l'analyse de l'eau. Elle y règle avec un soin minutieux le service de l'inspection des eaux, la nomination des inspecteurs et leurs attributions. Pour la première fois, on y voit intervenir le Préfet, qui a une large part dans la surveillance et la direction ; à cet effet, il fait des réglements pour l'ordre intérieur, pour la salubrité des sources, leur libre usage, etc. Ces réglements, que le Ministre est libre de modifier, demeurent affichés dans les Etablissements avec les prix des eaux et sont obligatoires.

Le titre II contient des dispositions particulières à la fabrication des eaux artificielles, aux dépôts et à la vente des eaux tant artificielles que naturelles.

Le titre III s'occupe de l'administration des sources minérales appartenant à l'Etat, aux Départements aux Communes ou aux Etablissements charitables. Il décide que ces derniers sont gérés pour leur compte par le département, la commune ou l'association hospitalière ; que les Etablissements de l'Etat sont gérés et administrés par les Préfets sous l'autorité du ministre secrétaire d'Etat de l'Intérieur. Les uns et les autres seront mis en ferme ou en régie, et les cahiers des charges une fois approuvés par les Préfets, les adjudications ont lieu publiquement aux enchères.

Si nous avons insisté sur les dispositions générales de cette ordonnance, c'est pour mieux en montrer le caractère. Certes, elle a innové sur deux points ; elle a enlevé implicitement à l'Administration le pouvoir de fixer les tarifs des sources appartenant à des particuliers, et de plus, elle a placé les sources minérales, qui sont la propriété des Départements, Communes ou hospices, sous le régime applicable à leurs autres biens, alors qu'auparavant elles étaient soumises aux mêmes règles que les établissements de l'Etat ; certes, elle a augmenté la sécurité que les sources peuvent offrir au public en organisant l'inspection à laquelle elles doivent être soumises ; certes, elle a, au point de vue purement administratif, réalisé un progrès qu'on ne saurait nier, et la meilleure preuve c'est qu'elle est restée jusqu'à nos jours et reste encore en vigueur pour la plupart du moins de ses dispositions. Mais au point de vue qui nous occupe, elle n'a pas avancé la question. Pas un de ses articles n'a trait aux droits des tiers ni aux restrictions qui doivent être imposées à leur droit de propriété ; les sources restaient soumises au droit commun, c'est-à-dire susceptibles d'être perdues à tout moment. Le Gouvernement ne devait se préoccuper de la question que quelques années plus tard.

V. — La législation en était là quand éclata la Révolution de 1830. Le Gouvernement de Louis-Philippe fit tout en notre matière, et si on ne lui doit pas le vote, on lui doit la genèse toute entière du vrai code des eaux minérales (1).

1. Pour tout ce qui concerne cette partie historique et les travaux préliminaires de la loi, sous le Gouvernement de Louis-Philippe, v. le *Traité des Eaux de source et des Eaux thermales* d'Henri Nadault de Buffon, avocat général à Rennes (Paris, 1870). Pages 411-412 et suivantes.

La lacune de l'Ordonnance de 1823 était flagrante. Il est rare en effet qu'une source naisse là même où elle jaillit hors de terre ; le plus souvent, elle prend son origine au loin et le propriétaire ou le concessionnaire des eaux se voit arrêté par deux droits opposés. D'une part, pour augmenter le rendement des eaux ou seulement pour l'assurer, il faut entreprendre des travaux sur le terrain d'autrui. Le propriétaire se heurtait à une impossibilité, car ou il fallait obtenir du maître du sol l'autorisation amiable d'y faire des fouilles, or il était certain que sa demande serait repoussée, car chacun peut interdire l'accès de son fonds ; ou procéder à une expropriation, et à cette époque l'expropriation pour cause d'utilité publique n'était pas encore réglementée comme elle le fut plus tard en 1841. D'autre part, le Code civil, nous le savons, avait consacré le caractère absolu de la propriété, et il en résultait que tout propriétaire voisin d'un établissement thermal avait le droit de faire sur son terrain tels forages, recherches, fouilles ou travaux qu'il jugeait convenables, alors même que la conséquence en serait d'amoindrir, d'altérer ou de tarir la source.

Le danger était d'autant plus grave qu'un procédé nouveau, celui des forages artésiens, venait sinon de naître, du moins de se développer en France ; il en résultait que de toutes parts des travaux considérables furent entrepris pour capter des sources quelconques à de grandes profondeurs ; dès lors l'existence des établissements thermaux se trouvait menacée. Des faits de la plus haute gravité se produisirent et, dans un très court espace de temps, on vit sur douze sources que comprenait l'établis-

sement de Cauterets disparaître six d'entre elles à la suite
de fouilles et sondages faits, soit imprudemment, soit à
dessein par les voisins.

L'attention publique en fut émue. Les eaux thermales
commençaient justement en France à prendre un grand
développement. L'Administration se préoccupa de la
situation. Elle chercha un remède, mais vainement dans
l'Ordonnance de 1823. Elle s'adressa alors aux tribunaux ;
elle n'eut pas plus de succès. La loi était muette sur la
question. En face de ce silence, les tribunaux, les Cours
Impériales, la Cour de Cassation elle-même, n'hésitèrent
pas à reconnaître le droit absolu du propriétaire d'un
fonds où se trouvaient, soit l'origine, soit les veines de
la source. La jurisprudence lui permit de faire des fouilles, alors même qu'il devait en résulter l'assèchement
complet de la source ; bien plus, logique en ses déductions,
elle les autorisait même si ces fouilles étaient pratiquées
dans le dessein avoué de nuire à l'établissement demandeur, sans se préoccuper de savoir si ces recherches
pouvaient porter un préjudice grave, peut-être irréparable,
à l'intérêt privé, et par suite à l'intérêt public (1). Elle
s'appuyait principalement sur ce que, sous prétexte de
protéger une source, l'Administration ne peut grever une
propriété privée d'une servitude non établie par la loi ; que
la recherche, sinon l'exploitation, des eaux minérales, est
libre, et qu'il est de l'intérêt public bien entendu qu'il en
soit ainsi ; que le Gouvernement lui-même reconnaissait

1. La Cour de Cassation affirma sa jurisprudence par une série
d'arrêts dont le plus notable et le plus récent avant la loi de 1856 est
celui du 13 avril 1844 (*Journal du Pal.*, 1844, t. 1, p. 781).

que la législation actuelle ne lui donnait pas le pouvoir
d'interdire ces recherches.

Les tribunaux, armés seulement des articles 544 et 552
du Code civil, ne pouvaient en décider autrement. Le
Gouvernement comprit la difficulté. Il ne lui restait qu'un
moyen, provoquer une loi qui ferait ce que n'avait pas fait
l'Ordonnance de 1823.

Un premier projet en ce sens sollicité par le Gouvernement dès 1836, fut présenté en 1837 à la sanction législative. Adoptée par la Chambre de Pairs, la loi
fut presque aussitôt rejetée par la Chambre des Députés.
La doctrine de la Cour Suprême l'emportait envers et contre tout intérêt général. Cependant si le Gouvernement
était battu, ce n'était que provisoirement ; il eut le
mérite de jeter les bases de la loi qui ne devait aboutir
que vingt ans plus tard.

Dans ce projet, le Gouvernement proposait d'interdire
d'une *manière générale* les travaux et fouilles de nature à
détourner ou à détériorer les sources ; — les Etablissements devaient être autorisés et *déclarés d'utilité publique ;* — enfin, partout où des entreprises capables de porter atteinte à la source actuellement exploitée seraient
signalées, l'Administration pourrait intervenir.

Posée en ces termes, la question avait peu de chance
d'aboutir. La Chambre des Députés se montra effrayée de
cette atteinte aux droits sacrés de la propriété : « Cette
loi », s'écriait Pelet (de la Lozère) à la séance du 11 avril
1837, « blesse le droit de propriété d'une façon toute nouvelle « et illimitée. »

Un autre procédé capable de sauvegarder les sources

s'offrait au législateur. Il fut proposé dans un amendement par M. Hennequin : les sources menacées n'auraient qu'à recourir à l'expropriation et à acquérir par ce moyen les terrains où des travaux dangereux seraient commencés. L'amendement ne fut pas adopté. Le président de la Chambre, M. Dupin, fit observer que ce serait changer l'économie de la loi et substituer au système des servitudes un système de dépossession, qu'autant valait repousser immédiatement le projet et en proposer un nouveau ; le rapporteur de la loi, M. Daguenet, combattit aussi l'amendement. Se plaçant sur le terrain financier, il fit remarquer qu'un établissement thermal peut être entouré de propriétés d'une valeur beaucoup plus grande que la source qu'il exploite et que le forcer à en faire l'acquisition serait lui imposer une charge trop lourde. Il cita l'exemple de la source d'Enghien, qui, prenant son origine en un point éloigné, entraînait son propriétaire à une dépense annuelle de plus de 100.000 francs pour un intérêt de 60.000 ou 80.000 francs seulement.

Dans la même séance (12 avril 1837) un deuxième amendement fut proposé par M. Colmès. On touchait cette fois au véritable point de la question et au seul procédé qui pouvait utilement protéger les eaux thermales. M. Colmès cherchait à atteindre un double but : rendre efficace le projet en obligeant les propriétaires à déclarer leur intention de faire les travaux, c'est-à-dire remplacer la surveillance répressive de l'Administration par la surveillance préventive ; en second lieu, restreindre autant que possible l'action de l'Administration et ne pas l'étendre au-delà des besoins de chaque cas en particulier. L'amen-

dement tendait à réaliser ces deux *desiderata ;* il était
ainsi conçu : « Lorsque l'utilité publique d'une source aura
« été reconnue, l'Ordonnance royale qui la déclarera pour-
« ra déterminer une enceinte dans laquelle devront être
« interdits tous les travaux de nature à supprimer, à dé-
« tourner ou à altérer la source. » M. Colmès complétait
son amendement en ces termes : « Quiconque voudra exé-
« cuter des travaux dans cette enceinte sera tenu de fai-
« re sa déclaration quinze jours au moins avant de les
« commencer ; faute d'avoir accompli cette formalité l'au-
« teur des travaux sera responsable de tout préjudice causé
« à la source et les dommages-intérêts seront fixés par
« le Conseil de Préfecture » (1).

On ne pouvait pas demander mieux. Cependant les
critiques ne manquèrent pas, et l'amendement succomba
sous leur poids. M. Schaueuburg prit le premier la parole
pour le combattre et fit valoir deux raisons principales.
La première était que l'on ne peut imaginer qu'une
source, après avoir traversé des gisements minéraux, soit
enfermée dans une sorte d'enceinte de forme circulaire,
dans un périmètre également éloigné du centre ; les eaux
pour arriver au point où elles surgissent, suivent une
ligne tantôt droite, tantôt sinueuse, et la forme que l'on
donnerait au périmètre ne pourrait être qu'excessivement
arbitraire. La deuxième fut celle-ci : on n'a pas voulu
que l'Administration ne vînt mettre son *veto* que sur
les travaux auxquels elle serait absolument obligée de
résister dans l'intérêt de la source. Le rapporteur

1. *Moniteur universel.* Séance du 12 avril 1837, p. 862, 866.

attaqua également l'amendement. Il reconnut que le procédé avait l'avantage d'être facile dans ses applications et de poser des règles fixes, mais dit-il : « Nous l'avons « écarté parce que nous appréhendons qu'il ne puisse « s'exécuter sans erreur avec une exactitude suffisante ;... « On pourrait, par exemple, déterminer une enceinte « trop étendue qui aurait l'inconvénient d'embrasser des « propriétés qui devraient être libres, et, dans le cas « contraire, de resserrer l'enceinte et de laisser en dehors « de l'interdiction des propriétés qui devraient en être « grevées. Les travaux doivent être interdits dès l'ins- « tant où ils nuisent à la source, quelle que soit la distance « qui sépare la propriété de l'établissement thermal. De « même aussi ces travaux doivent être tolérés, quelque « faible que soit la distance à laquelle ils s'accomplissent, « quelque rapprochés qu'ils soient » (1). La commission ne se montra pas plus favorable ; cependant elle ne rejeta pas toute idée de périmètre ; elle admit qu'une zône de servitude pourrait être déclarée par Ordonnance royale sur la demande du Conseil Général du Département.

M. Colmès défendit avec acharnement son amendement. Il répondit qu'il ne voulait frapper que le plus petit espace possible ; que la servitude qu'il proposait était certes un mal, mais qu'elle trouvait du moins une compensation dans la certitude de garantir d'une manière efficace l'existence des sources minérales; il fit remarquer que le système de la commission revenait à proposer au lieu d'un périmètre d'un rayon de 100, 500

1. *Moniteur Universel.* Séance du 12 avril 1837, p. 866, 2e col.

ou 1000 mètres, un périmètre infini qui grèverait toutes les propriétés d'une surveillance toujours très fâcheuse et qui aurait de plus l'inconvénient d'être inefficace, de ne garantir aucune source, de n'empêcher jamais la malveillance de faire contre cette source ce qu'elle voudrait. Malgré ces raisons l'amendement fut rejeté.

Repousser l'amendement, c'était porter une atteinte définitive à la loi toute entière. Gay-Lussac lui-même, consulté spécialement sur la question, répondit dans la séance du 13 avril : « Le vague de la loi est extrême. Je vais « plus loin ; je crois qu'elle est inexécutable, qu'elle sera « vexatoire et qu'elle porte une très grave atteinte au « droit de propriété » (1). Le dernier coup était frappé. A la fin de la séance M. Dupin fit procéder au vote; par 135 voix contre 127 la loi ne fut pas adoptée. L'échec n'était que relatif et momentané.

Le résultat ne se fit pas attendre. L'Administration continuait à se trouver désarmée, n'ayant ni le secours de la loi ni celui des tribunaux. Devant des nécessités absolues, elle dut recourir forcément à des actes arbitraires. En 1843, un seul coup de sonde enlevait à Vichy le tiers des eaux qui alimentaient l'établissement (2) ; en 1846, à l'établissement thermal du Vernet, des fouilles pratiquées dans le rocher d'où jaillissait la source la tarirent presqu'entièrement. Un prince étranger prenait en ce moment les eaux au Vernet : le ministre dut ordon-

1. *Moniteur universel*, Séance du 13 avril 1837, p. 875, 3ᵉ col.

2. Plus exactement, la principale source qui donnait un débit de 180.000 litres se trouva réduite à 120.000 et même 100.000 litres, ce qui constituait une perte de 60 à 70.000 litres par jour.

ner immédiatement l'interruption des travaux; c'était illégal.

A la suite de ces évènements, le Gouvernement se décida à présenter un nouveau projet aux Chambres. Ce projet, modifié sur les points essentiels qui avaient déterminé l'échec du premier, fut proposé en 1846; adopté cette fois par la Chambre des Députés, il fut rejeté par la Chambre des Pairs (1).

L'idée d'un périmètre, même déterminé par ordonnance royale, avait été complètement écartée du projet : « C'est « une idée à laquelle tous les bons esprits ont été forcés « de renoncer », disait le rapporteur, M. Mesnard. De son côté, le Ministre de l'Agriculture et du Commerce, M. Cunin-Gridaine disait à la tribune : « Je crois que la « question du périmètre est bien vidée et qu'elle ne peut « trouver aucune faveur. Impossibilité d'en déterminer « un. Je n'invoquerai pas seulement l'avis de M. Arago « qui pense que les eaux qui alimentent les puits de Gre- « nelle viennent de Bar-le-Duc, mais l'exemple de « Vichy. L'établissement de Vichy est situé sur la rive « droite de l'Allier; un sondage fut pratiqué à un kilo- « mètre ou deux, mais sur l'autre rive de l'Allier; eh ! « bien, le jour où ce sondage se faisait de l'autre côté de « l'Allier, nous éprouvions à Vichy une diminution con- « sidérable d'eaux. Or, si l'on avait déterminé un péri- « mètre, il aurait paru naturel de le limiter à la rive « droite de l'Allier, et nous reconnaissons aujourd'hui

---

1. Pour toute la discussion de ce projet. V. *Moniteur universel.* Séance du 13 mai 1846, p. 1342.

« que ce périmètre n'aurait pas mis l'établissement à
« l'abri des inconvénients que je viens de signaler. » La
Chambre des Députés au contraire, se montrait favorable à l'idée du périmètre. Toutefois, M. Laplagne-Barris
faisait à son tour remarquer plaisamment : « Autrement,
« il n'y aura pas de borne à l'action de l'Administration
« et on pourra venir soutenir qu'un forage fait dans la
« plaine de Saint-Denis peut nuire aux eaux de Vi-
« chy ! »

La Chambre des Pairs combattit d'ailleurs le projet
dans son ensemble. On lui reprochait, entre autres inconvénients, d'empêcher désormais toutes recherches utiles
qui pourraient être faites dans le voisinage des eaux
minérales qui existaient déjà ; d'arrêter par suite tout
développement industriel ; de paralyser l'action des propriétaires, en les empêchant de faire des travaux qui
pourraient être fructueux sans nuire à l'établissement
existant. C'était là encore une objection contre l'idée du
périmètre, à laquelle on revenait par la force même des
choses. On apporta même des faits à l'appui. On cita la
découverte récente de la source des *Célestins* à la suite
d'un forage pratiqué dans un enclos auprès de Vichy :
avec un périmètre de protection, dit-on, jamais cette découverte n'aurait pu avoir lieu. Gay-Lussac, qui depuis
1837 avait été nommé pair de France, fidèle à la théorie
soutenue par lui à cette époque à la Chambre des Députés, disait encore : « Il est certain que grâce à des
« recherches actives le nombre des sources d'eaux
« minérales s'est beaucoup accru depuis quelques
« années, et nul doute qu'il ne doive s'accroître

« encore. » Voter la loi était pour lui empêcher la richesse
de la France en eaux minérales de s'augmenter.

M. le président Boullet, reprenant l'idée émise en
1837 à la Chambre des Députés par M. Colmès, indiqua
comme moyen terme la fixation d'un périmètre que la
loi ne déterminerait pas *a priori*, mais qui serait fixé par
l'ordonnance qui déclarerait l'utilité publique.

Enfin, M. Pelet (de la Lozère) proposa en faveur des
maisons, cours, jardins, parcs et enclos attenant aux
habitations, un amendement tendant à ce qu'une exception fût faite pour les soustraire aux travaux que les propriétaires des sources seraient autorisés à exécuter chez
autrui. M. Mesnard avait déjà dit dans son rapport : « Le
« projet de loi propose l'interdiction de travaux dans le
« voisinage des sources sans fixation de périmètre, mais
« en outre il impose aux propriétaires l'obligation de
« souffrir sur leurs fonds, peut-être dans leurs enclos,
« dans leurs parcs, que sait-on? même sous leurs mai-
« sons d'habitation, tous les travaux qui seront jugés
« nécessaires à la conservation des eaux. » L'amendement de M. Pelet était sage. Il ne devait aboutir, ainsi
que la proposition de M. Boullet, que dans la loi de
1856.

Malgré ces nouveaux débats, la question de protection
des eaux minérales ou thermales ne se trouva pas plus
avancée. La Chambre des Pairs repoussa le projet par 67
voix contre 57.

Dès l'année suivante, en 1847, la question était reprise
par le Gouvernement. Le Ministre de l'Agriculture et du

Commerce présenta un nouveau projet à la Haute-Chambre (1).

Dans l'Exposé des motifs, il insista sur l'état de choses actuel, les dangers qu'il présentait et concluait en ces termes : « A quoi bon qu'un établissement thermal eût été
« fondé à grands frais, qu'une source laborieusement amé-
« nagée eût été longuement étudiée dans ses propriétés
« médicales, que des édifices considérables eussent été
« construits pour son exploitation, qu'une ville même, des-
« tinée à recevoir l'affluence des visiteurs, se fût élevée
« alentour, si un jour un coup de sonde, détournant, sup-
« primant ou altérant ses eaux, pouvait détruire cette
« œuvre de tout un siècle. »

Le projet comprenait dix articles. Il proposait un périmètre que déterminait l'ordonnance déclarant l'utilité publique, et dans l'enceinte duquel le préfet pourrait interdire tout travail qui porterait un préjudice à la source. D'autre part, le préfet pouvait autoriser des travaux dans l'intérêt de la source sur le terrain d'autrui, mais à charge de réparer le dommage et de payer une indemnité qui serait réglée à l'amiable ou par les tribunaux.

On peut reconnaître dans ce projet plusieurs dispositions qui ont passé dans la loi de 1856. Le projet cependant n'aboutit point : car peu à près éclata la Révolution de 1848. Le gouvernement de Louis-Philippe avait fait ce qui était en son pouvoir pour protéger les sources miné-

1. *Moniteur* du 19 février 1817, p. 340. — Exposé des motifs et projet de loi sur la conservation des sources minérales présenté par le Ministre de l'Agriculture et du Commerce à la séance de la Chambre des Pairs du 15 février.

rales. Soit mauvais vouloir des Représentants, soit que la question ne fut pas encore mûre, il échoua dans sa tentative. Néanmoins on peut dire que si la loi qui régit actuellement ce point de notre législation civile et administrative ne fut pas votée sous ce gouvernement, elle n'en fut pas moins son œuvre. La loi est de 1856 par sa date ; elle est de 1846 par son origine.

VI. — Peu de jours après les évènements de Février, le bruit se répandait que l'établissement de Vichy venait, à la suite de fouilles faites dans le voisinage, d'être mis en péril. Le Gouvernement Provisoire s'émut de la nouvelle et rendit aussitôt le Décret du 10 mars 1848. Il était ainsi conçu : « Le Gouvernement Provisoire ; — sur le rap-
« port du Ministre provisoire de l'Agriculture et du
« Commerce ; — Considérant que les sources d'eaux mi-
« nérales constituent une richesse publique dont la con-
« servation n'importe pas moins à l'humanité qu'à l'in-
« térêt national ; Voulant prévenir les tentatives qui
« pourraient compromettre l'existence de ces établisse-
« ments ; Attendu l'urgence ; Décrète : aucun sondage,
« aucun travail souterrain ne pourront être pratiqués
« sans l'autorisation préalable du préfet du département,
« dans un *périmètre de 1000 mètres* au moins de rayon
« autour de chacune des sources d'eaux minérales dont
« l'exploitation aura été régulièrement autorisée. »

Ainsi ce décret faisait d'un seul coup ce que pendant une période de plus de dix ans, de 1837 à 1847, le Gouvernement avait vainement réclamé des Chambres ; mais il le faisait de la manière la plus lourde pour la propriété. Quoiqu'il en soit, il obtint l'approbation générale ; on oublia la question de propriété pour ne voir que le péril présent, et l'intérêt public l'emporta sur l'intérêt privé. A partir de 1848, on peut dire qu'une nouvelle servitude légale fut inscrite dans nos codes. Le décret de 1848, et après lui la loi de 1856, ne se borne plus à régler l'administration des établissements thermaux, comme le faisaient les lois, lett s-patentes et ordonnances qui les ont précédés ; ils frappent de servitudes les fonds voisins des établissements thermaux.

Tel était le Décret. Certes, il posait un principe indispensable à la conservation des établissements thermaux, mais il laissait le champ libre à une double critique. Outre qu'elles portaient une atteinte considérable au droit inviolable de propriété, ses dispositions étaient à la fois excessives et insuffisantes : excessives, en ce qu'elles créaient la servitude dont il s'agit au profit de tous les établissements thermaux autorisés, ce qui comprenait un grand nombre d'établissements peu importants, pour lesquels une pareille dérogation au droit commun ne se justifierait pas ; excessive encore en ce que le rayon d'un kilomètre était le plus souvent exagéré : insuffisantes, parce que souvent le périmètre de 1000 mètres n'était pas au contraire assez étendu, et aussi parce qu'il pouvait arriver que des dommages considérables fussent apportés aux sources par d'autres travaux que des sondages ou des excavations souterraines, les seuls visés par le Décret.

Le Décret du Gouvernement provisoire n'en protégea pas moins les établissements thermaux pendant plus de huit ans de 1848 à 1856. On lui contesta cependant à un moment son caractère légal et obligatoire. On fit remarquer qu'il empiétait sur les droits du législateur, qu'il manquait de sanction, et on invoqua surtout les considérants d'un arrêt de la Cour de Cassation du 4 décembre 1849 qui paraissait n'en tenir aucun compte et proclamait le droit de fouille basé « *sur la législation actuellement existante.* » C'était aller loin. Certes le décret portait une atteinte au droit de propriété, mais c'était tout. L'arrêt de 1849 s'occupait d'une affaire remontant à une époque antérieure à 1848, et le décret ne pouvait avoir d'effet rétroactif, la seule législation en vigueur était bien celle de l'Ordonnance de 1823. La Cour de Cassation, loin d'écarter le décret, en reconnut la légalité par divers arrêts (1) et le Conseil d'État jugea de même (2).

La législation de 1848 a donc bien réellement reçu son application devant les Cours et les Tribunaux, et, lorsque la loi de 1856 fut présentée aux Chambres, il ne s'agissait plus de créer une servitude nouvelle, mais seulement d'apporter des modifications au système du Décret du 10 mars 1848.

VII. — De l'exposé des motifs de la loi du 14 juillet 1856 il ressort en effet que ce fut là le seul but cherché : modifier les dispositions du Décret en tant qu'excessives ou insuffisantes et statuer sur divers objets accessoires laissés de côté par lui.

La question était donc décidée en principe ; elle se présentait toutefois entière devant le Corps législatif; et les objections qui avaient été soulevées en 1837, en 1847 et

1. Cass. 18 mars 1854 (D. 1854, I, 300) ; Cass., 21 septembre 1854 (D. 1855, I, 360).

2. Conseil d'État, 18 février 1854 (D. 1854, III, 43).

en 1848, allaient de nouveau se produire. Le problème
offrait un intérêt encore plus pressant. L'usage des eaux
s'était accru, il était entré dans les habitudes de la classe
moyenne, au lieu d'être borné à la clientèle de la classe
riche ; les chemins-de-fer, effaçant les distances, ame-
naient un plus grand nombre de malades dans les établissements thermaux ; le nombre des sources avait considérablement augmenté, près de 250 avaient été découvertes depuis 1846, et la valeur créée par l'exploitation
des sources actuellement en vigueur s'élevait en 1853
à près de 40 millions.

Un développement aussi considérable appelait une mesure urgente et définitive.

La discussion n'eut pas en 1856 la solennité des débats
précédents. La grosse question, celle du périmètre, avait
été tranchée dans ses grandes lignes par le Décret de
1848. Le projet ne fut attaqué que très faiblement par
quelques membres, entre autres par M. Millet. Sur les
rapports de M. Vuillefroy, commissaire du gouvernement,
président de section au Conseil d'Etat, et de M. Lélut
la loi fut votée dans son ensemble par le Corps législatif
dans la séance du 22 mai 1856 par 231 voix contre 6
sur 237 votants (1). Elle ne fut promulguée que le 14
juillet de la même année sous le titre de *Loi sur la conservation et l'aménagement des sources d'eaux minérales* (2).

1. *Moniteur universel*, séance du 24 mai 1856; p. 565. Présentée le
19 mars 1855 à la Chambre des Députés, rapport de M. Lélut le 14
mai 1856, votée le 22 mai 1856, promulguée le 14 juillet 1856.

2. *Recueil de Duvergier*, année 1856 à sa date, p. 233. Dalloz,
Jurisprud. Générale. Supplément au Répertoire, t. 6, p. 750. *Bulletin des Lois*, 1856, n. 3827.

La loi du 14 juillet 1856 peut se résumer dans les propositions suivantes :

1° Elle classe les établissements thermaux en deux catégories : ceux qui sont les plus importants et pour lesquels une déclaration d'*intérêt public* est nécessaire, et ceux d'une importance moindre pour lesquels une déclaration n'est pas exigée.

2° Elle reconnaît l'existence d'un périmètre de protection, mais le rayon du périmètre n'est plus comme en 1848 fixé d'avance par la loi : il est essentiellement variable, peut être restreint ou étendu suivant chaque source ; il est fixé par un décret *ad hoc*.

3° Elle a introduit définitivement dans notre législation la servitude *non fodiendi*, établie déjà en 1848.

4° Elle a décidé que cette servitude aurait lieu *sans aucune indemnité*. Cela était conforme au Décret de 1848, mais contraire à tout ce qui avait été soutenu jusque-là, notamment en 1837, où l'on demandait que « la servi-« tude que l'on jugerait bon de faire peser sur les pro-« priétés voisines dans l'intérêt des sources minérales « donnât lieu à une *large indemnité* envers les proprié-« taires. »

Si maintenant on regarde en arrière, on peut voir que le chemin parcouru était considérable. Au début, reconnaissance sans aucune restriction des droits absolus du propriétaire de la source : il peut en faire tel usage qu'il juge convenable, la détruire si telle est sa volonté ; l'Administration n'intervient que pour reconnaître les qualités curatives de l'eau, en interdire ou en autoriser l'exploitation. Dans la suite, le Gouvernement se reconnaît le droit d'intervenir d'une façon plus directe : des entraves sont apportées à la libre disposition; un contrôle est organisé; il est confié aux intendants d'abord, aux médecins-inspecteurs, au préfet enfin. Dernière étape : l'Administration étend sa surveillance non-seulement sur la source, sur son exploitation, mais sur les terrains voisins pour la protéger; création d'une servitude lourde, il est vrai, mais que justifient les intérêts les plus sérieux. Telle a été la marche accomplie pendant plus d'un demi-siècle. La loi de 1856 a consacré la victoire de l'intérêt général sur l'intérêt privé.

L'article 19 de cette loi annonçait « que des règle-
« ments d'administration publique détermineraient les
« formes et les conditions de la déclaration d'intérêt
« public, de la fixation du périmètre de protection, de
« l'autorisation pour les sondages; l'organisation de l'ins-
« pection médicale et de la surveillance des sources et des
« établissements d'eaux minérales naturelles ; les condi-
« tions d'ordre général, de police et de salubrité aux-
« quelles tous les établissements d'eaux minérales doivent
« satisfaire. »

En conséquence, deux décrets furent rendus sous la forme de règlements d'administration publique, le premier le 8 septembre 1856, le deuxième le 28 janvier 1860. Le premier traite avec un luxe de détails presqu'exagéré des formalités nécessaires pour obtenir la déclaration d'intérêt public et celles indispensables pour obtenir la fixation du périmètre. Le second porte exclusivement sur l'exploitation et la surveillance des sources, et plus spécialement sur l'organisation de l'inspection des médecins. Le décret de 1860 est inspiré en grande partie par l'Ordonnance de 1823, mais comme cette ordonnance reproduisait presque toutes les dispositions de l'arrêté du 3 floréal de l'an VII, lequel était lui-même copié sur celui du 5 mai 1781, c'est en réalité à ce dernier arrêté que remonte la pensée du Décret de 1860.

VIII. — Depuis 1860, plusieurs décrets spéciaux à divers établissements d'eaux minérales ont été rendus; nous n'avons pas à les passer en revue; notons seulement qu'ils ont pour la plupart trait aux établissements de Vichy, de Plombières ou d'Aix-les-Bains.

Mais à côté, il convient de signaler toute une série de lois ou décrets dont le but a été de modifier ou de compléter la loi de 1856.

Un point tout particulier était resté en dehors des prévisions de la loi de 1856; c'était le cas où l'exploitation des mines pourrait nuire à la conservation des sources destinées à un usage public. L'Administration s'était depuis longtemps préoccupée des conséquences dangereuses que pouvait entraîner une telle exploitation. Elle avait bien essayé d'y pourvoir; lors de la concession de la mine, elle insérait dans le cahier des charges qui était annexé au décret de concession des clauses restrictives qui imposaient aux concessionnaires certaines précautions et obligations. Le Conseil d'Etat n'avait jamais admis la validité de pareilles clauses, la loi du 21 avril 1810 sur les Mines ne donnait pas un tel droit à l'Administration. Il fallait un texte. La loi du 27 juillet 1880, portant révision de la loi précédente est venue combler la lacune. L'article 50 s'exprime ainsi : « Si les travaux de

« recherche ou d'exploitation d'une mine sont de nature
« à compromettre... la conservation des eaux minérales...
il y sera pourvu par le préfet. » L'Administration se
trouve donc investie d'un pouvoir qu'elle n'avait pas
avant 1880 et sur la nature duquel nous aurons à revenir.

Viennent ensuite trois autres textes qui n'offrent qu'un
intérêt secondaire : une loi du 12 février 1883 qui,
abrogeant l'article 18 Titre III de la loi de 1856, décide que
l'emploi de médecins-inspecteurs ne donne plus droit à
aucune rétribution, soit de la part de l'Etat, soit de la part
des propriétaires des établissements ; un décret des
11-15 avril 1888 qui modifie l'article 8 de la loi de 1856 ;
un arrêté ministériel du 22 juin 1889 qui supprime les
postes des inspecteurs de Cauterets, des Eaux-Bonnes et
de la plupart des stations importantes, et dont on peut
d'ailleurs contester la valeur juridique, puisqu'il modifie
trois textes législatifs : l'Ordonnance de 1823, la loi de
1856 et la loi de 1883, sans compter le décret de 1860.

Pour être complet, nous devons enfin noter un décret
du 5 janvier 1889 dont l'article 1 est ainsi conçu : « Le ser-
« vice de l'hygiène publique est distrait du ministère du
« Commerce et de l'Industrie, et transféré au ministère de
« l'Intérieur (1) ». Jusqu'en 1869, en effet, le service des
eaux minérales ressortissait du ministère de l'Agriculture,
du Commerce et des Travaux Publics. A cette époque on
créa un ministère du Commerce et de l'Agriculture dont
fit partie ce même service ; en 1881 ce ministère fut divisé,
et on laissa au ministère du Commerce, séparé de celui

1. *Journal officiel*, 6 janvier 1889.

de l'Agriculture, les eaux minérales. Un décret du 7 janvier 1886 créa un ministère du Commerce et de l'Industrie d'où dépendait le service de l'hygiène publique et par suite celui des eaux en question. Depuis 1889 il est rattaché au ministère de l'Intérieur. La nécessité de concentrer dans les attributions d'un seul ministre le service de l'hygiène publique et celui de l'assistance publique, qui seul jusque-là dépendait du ministère de l'Intérieur, les réclamations des conseils d'hygiène départementaux, l'exemple des pays étrangers (1) dictaient cette solution.

IX. — La France n'est pas le seul pays riche en sources minérales. La Belgique, l'Allemagne, l'Autriche, l'Italie et l'Espagne en renferment un grand nombre et méritent principalement une place à côté d'elle. Et cependant dans ces divers pays aucune loi générale ne réglemente le régime des eaux minérales ou thermales; ils semblent s'en être désintéressés complètement : car le trait propre à toutes ces nations, c'est l'absence d'une législation spéciale aux eaux qui nous occupent. A quelques exceptions près, c'est le droit commun qui s'applique, et les sources ne sont pas plus protégées qu'elles ne l'étaient en France avant 1856.

L'Algérie se trouve dans une situation à part. En effet, tout ce qui regarde le régime des eaux quelles qu'elles soient, rivières, canaux, sources, etc., fait partie du

---

1 Les services sanitaires sont, dans presque tous les Etats, concentrés dans les attributions du ministre de l'Intérieur : il en est ainsi en Russie, Autriche, Allemagne, Belgique, Hollande, Suisse, Italie, Espagne. En Angleterre la direction des services d'assistance et d'hygiène réunis constitue un pouvoir à part : le *Local Government Board*.

domaine public algérien. Une loi du 16 juin 1851 a eu pour but spécial de ranger les sources minérales parmi les biens dont se compose ce domaine. En conséquence, un décret du 21 décembre 1864 a rendu applicables à l'Algérie les lois, décrets et ordonnances sur la conservation et l'aménagement des sources minérales alors en vigueur en France, et une circulaire du 23 février 1865 contient une instruction aux généraux commandants et aux préfets sur l'application des lois ci-dessus en Algérie.

En Belgique (1), la législation en vigueur est sensiblement la même que la nôtre, mais elle n'a pas été aussi loin. C'est ainsi que l'on retrouve l'arrêté du Directoire du 23 Vendémiaire an VI, relatif principalement à la gratuité des eaux pour les militaires blessés au service de la patrie, celui du 29 Floréal an VII, qui réglemente une surveillance minutieuse et les formalités que doivent remplir les propriétaires qui trouvent une source dans leur fonds ; enfin, la troisième mesure qui fut prise par le Gouvernement républicain pour tout le territoire français, dont la Belgique faisait alors partie, l'arrêté du 3 Floréal an VIII qui a trait à la mise en ferme des établissements thermaux.

En dehors de ces textes, qui sont restés en vigueur, la Belgique n'a pas de loi générale sur les eaux minérales. Pour tout ce qui concerne le captage, l'aménagement, le droit des propriétaires et des tiers, les sources minérales sont purement et simplement laissées sous l'empire du droit commun, au même titre que les autres sources. Il

----

1. *Pandectes belges. Encyclopédie.* Tome 31, p. 282 et suiv.

existe cependant une loi du 31 juillet 1889, spéciale aux eaux de Spa, qui déroge aux règles du Code civil belge en ce qui les concerne. Quinze articles la composent. Aux termes de l'article 1, la source du Pouhon (1) est déclarée *d'utilité publique* ; l'article 2 crée un *périmètre* de protection et dispose que la recherche et l'exploitation des eaux minérales sont interdites dans la partie du territoire de la commune de Spa, délimitée par un liseré rouge sur le plan annexé à la loi ; les articles 3, 4, 5 et 6 règlent l'existence, le mode, et l'exploitation des sources qu'ils soumettent à la surveillance d'une commission ; l'article 7 dispose que dans le périmètre fixé par l'article 2, il ne pourra être entrepris ni sondages, ni creusements de puits, ni travaux souterrains, ni fouilles dont la profondeur excéderait 2 mètres *sans une autorisation* de la Députation permanente ; les articles 8 et 10 règlent la procédure à suivre pour obtenir l'autorisation ; l'article 9 s'occupe du défaut d'autorisation et de ses effets ; l'article 11 ainsi que l'article 12 règlent les indemnités qui peuvent être dûes éventuellement par suite de suspension, d'interdiction ou de destruction de travaux, et décide qu'elles sont aux frais de la ville de Spa. Enfin les articles 13, 14 et 15 vise les contraventions à la loi et les pénalités qui peuvent en résulter.

Si nous avons analysé avec quelques détails cette loi c'est pour mieux montrer que, sauf quelques particula-

1. Le nom de « *Pouhon* » constitue un nom générique et vulgaire qui désigne dans le langage du pays les fontaines qui, à Spa et dans les environs, fournissent des eaux ferrugineuses et acidulées ; la plus célèbre est celle de Pierre Le Grand.

rités, elle reproduit dans ses grandes lignes la loi française de 1856 ; on peut même dire qu'elle a été copiée sur cette dernière : mais une différence subsiste entre elles deux, l'une est spéciale à une source déterminée l'autre est générale à toutes les sources minérales.

A part cette loi particulière qui était devenue indispensable, vu l'importance de la source du Pouhon (1), le régime des eaux minérales belges reste soumis au droit commun applicable aux autres sources.

Il en est de même en Allemagne (2). Il n'y a dans les législations des États constituant l'Empire d'Allemagne que deux actes spéciaux relatifs aux sources d'eaux miné, rales : une loi du 7 avril 1854 de la principauté de Waldeck et Pyrimont et une ordonnance du 7 juillet 1860 du Grand-Duché de Nassau. A côté et auparavant, il convient de citer l'Ordonnance des Mines (*Bergordnung*) du 30 septembre 1857 de la principauté de Lippe-Detmold, qui dispose que « toutes sources minérales sont de droit régalien », et que par suite « leur exploitation est exclusivement réservée à la famille régnante ». Le principe de cette ordonnance semble être purement fiscal.

La loi de Waldeck et de Pyrimont, encore en vigueur, autorise l'expropriation moyennant indemnité préalable et

1. La source du Pouhon, qui jaillit dans la ville de Spa même, a été captée à 18 m. 45 c. de profondeur; elle fournit 23.000 litres par jour, soit 16 litres par minute.

2. V. pour ce qui concerne l'Allemagne, l'Autriche, l'Italie et l'Espagne *Note sur la législation étrangère en matière d'eaux minérales* de M. Aguillon, ingénieur en chef des mines. *Annales des mines. Lois et décrets* (7e série), t. 10, 1881.

la mise en exploitation par l'État « si cela est jugé néces-
« saire pour l'intérêt public : 1° Des sources minérales
« existentes ou nouvellement découvertes ; 2° des établis-
« sements qui ont pour objet l'exploitation de l'eau
« minérale. » L'ordonnance du Grand-Duché de Nassau,
également encore en vigueur, se borne à soumettre l'exécution de *toutes* fouilles, souterraines ou à ciel ouvert
« dans le voisinage des sources minérales » à une autorisation administrative préalable.

Sauf ces trois exceptions, les sources minérales sont
partout encore laissées dans l'Empire d'Allemagne sous
les règles du droit commun au même titre que les autres
sources. Toutefois, à la suite d'un accident survenu vers
1860 à une source d'Aix-la-Chapelle, on s'est bien occupé
en Prusse d'une législation spéciale pour la protection
des eaux minérales. Il y a quelques années un projet de
loi fut préparé par le ministre du Commerce pour protéger les sources, spécialement contre les sondages et travaux souterrains, et non contre toutes fouilles, comme
dans l'ordonnance de Nassau. Ce projet tendait à donner
plus de garanties aux voisins et permettait de respecter
leurs droits de propriété plus que notre loi de 1856 ne l'a
peut-être fait. Cette tentative de législation n'a pas abouti. Mais l'Administration a trouvée dans toutes les lois
de mines allemandes, plus ou moins analogues à la loi
prussienne générale sur les Mines du 24 juin 1865, des
moyens suffisamment efficaces pour protéger les sources
minérales. En s'appuyant sur les articles 4 et 196 de la
loi prussienne de 1865, les articles 4 et 167 de la loi bava-
roise du 20 mars 1869 et l'article 22 de la loi saxonne du

16 juin 1868, on a créé autour de plusieurs sources de véritables périmètres de protection à l'intérieur desquels « tout travail de fouilles est absolument interdit sans une permission préalable spéciale de l'autorité minière. » Des décisions nombreuses ont été rendues en ce sens: c'est ainsi qu'en 1869 l'*oberbergamt* de Clausthal a attribué un semblable périmètre de protection à la soufce sulfureuse de Bade-Reundorf. Le périmètre varie d'ailleurs avec chaque source.

En résumé, on ne paraît s'être occupé sérieusement en Allemagne, jusqu'ici du moins, que de protéger les sources minérales contre les travaux de recherche et d'exploitation des mines ; c'est là ce qu'a fait le législateur français en 1880 seulement, en modifiant l'article 50 de la loi du 21 avril 1810. L'ordonnance de Nassau reste une exception et le droit commun s'applique.

L'état de choses est en Autriche assez analogue à celui de la Prusse. Il n'y a pas de loi spéciale pour la protection des sources minérales. On admet seulement que l'Etat peut, le cas échéant, exercer le droit d'expropriation, en vertu de l'article 365 du Code civil autrichien, pour arriver à protéger une source qui serait reconnue d'intérêt public ; cet article pose en effet le principe de la cession absolue de la propriété d'une chose « si le bien public l'exige » et suffit à lui seul à garantir les sources minérales contre les atteintes, soit du propriétaire lui-même, soit des tiers. La loi autrichienne sur les Mines du 23 mai 1854 contient, comme la loi prussienne de 1865, des dispositions relatives à la protection des travaux de mines ; cependant, il faut remarquer, à la différence des lois allemandes, que la loi autrichienne fait mention explicite, dans son article 122, des sources minérales parmi les objets qui rentrent dans ceux sur lesquels doit s'étendre la surveillance de la police administrative.

En Italie, où les sources froides et chaudes sont nombreuses (sources d'Acqui, de Valdiéri, de Bormio, etc) elles sont également soumises au régime du droit commun, sauf une exception pour les provinces de l'ex-duché de Parme. Pour celles-ci, la loi sur les Mines de Charles III de Bourbon du 21 juin 1852 a entièrement assimilé les sources minérales aux mines et autres substances concessibles; à ce titre, elles appartiennent à l'État, qui les exploite directement ou les fait exploiter par concessions.

En Espagne (1), la base de la législation se trouve dans l'article 96 de la loi Organique de Santé du 28 novembre 1855 qui place « les établissements d'eaux minérales sous l'inspection immédiate et sous la dépendance de la *Gobernacion* (ministère de l'Intérieur) » et dans un décret du 12 mai 1874, modifié dans quelques-uns de ses articles en 1876.

Ce dernier réglement, qui ne comprend pas moins de 78 articles, touche à presque tous les objets qui se rattachent aux eaux minérales: propriété, aménagement, conservation, exploitation pour l'usage médical; il organise aussi la surveillance administrative. L'idée dominante paraît être que les sources minérales sont des

1. D'après les statistiques officielles, on compte en Espagne 141 sources d'eaux minérales fréquentées annuellement par 90.000 personnes environ.

richesses extrêmement précieuses qui doivent être exploitées « pour le bénéfice de l'humanité souffrante » avec l'intervention immédiate de l'État. Tout en reconnaissant le principe d'un droit de propriété privée sur ces eaux, le législateur n'admet pas que le propriétaire ne les exploite pas ou ne les exploite qu'imparfaitement. Cette propriété est donc une propriété d'une nature spéciale dont le titulaire ne peut jouir qu'avec une certaine réserve ou sous certaines conditions; d'autre part, elle confère, en échange, à ce titulaire, certains privilèges et avantages ; il y a là quelque chose d'analogue à la propriété des mines telle qu'elle est constituée dans la plupart des pays qui ont adopté, comme la France, le régime des concessions. Les restrictions sont donc notables : si le propriétaire refuse d'exploiter, il y a place à expropriation de la source et de l'établissement : d'autre part, il ne peut exploiter sans une autorisation préalable donnée avec la déclaration d'utilité publique. En revanche, un périmètre est fixé et le propriétaire peut exproprier les terrains qui sont nécessaires aux dépendances de cet établissement ; il peut encore fixer librement les tarifs des eaux. La surveillance administrative s'exerce par les alcades, puis par les médecins-directeurs, et au-dessus par les gouverneurs de province, et le ministre de l'Intérieur.

En Espagne, on le voit, le côté médical et sanitaire de la question semble avoir plus préoccupé le législateur que l'élément technique. A ce point de vue, les législations allemandes et autrichiennes l'emportent, car elles tendent, soit dans les réglements déjà faits, soit dans ceux projetés, à adopter un système plus semblable au nôtre.

CHAPITRE II

PROTECTION DES SOURCES D'EAUX MINÉRALES OU THERMALES.

Après avoir indiqué les principales mesures prises aux époques diverses tant en France qu'à l'étranger pour la protection des sources d'eaux minérales ou thermales, il convient d'étudier avec quelques détails la législation actuellement en vigueur. Aujourd'hui cette protection est établie surtout par la loi du 14 juillet 1856; c'est elle par conséquent qui sera la principale base des explications qui vont suivre.

SECTION I

De la déclaration d'intérêt public. — Ses effets.

Aux termes de l'article 1 de la loi du 14 juillet 1856, les sources d'eaux minérales peuvent être déclarées *d'intérêt public* par un décret du chef de l'Etat.

Le principe ainsi posé était indispensable. Le législateur en organisant le service des eaux minérales a obéi à une idée dominante que l'on retrouve au fond de toutes ses prescriptions : la préoccupation de la santé publique. Le service de ces eaux a bien de tout temps été considéré comme un service public ; mais un acte du pouvoir exécutif semblait nécessaire pour assurer à la source thermale la protection dictée par le souci de la santé générale ; il fallait reconnaître légalement son utilité : c'est ce qu'a fait l'article 1 précité. Ce sont d'ailleurs les mêmes considérations qui ont inspiré en Espagne le décret du 12 mai 1874 d'après lequel une déclaration d'utilité publique, préalable de l'exploitation, est également exigée.

Cependant la question a été soulevée de savoir si le service des eaux minérales était bien un service public. On a objecté qu'aucun texte ne consacre expressément ce caractère, mais il semble que le doute a été tranché de la façon la plus affirmative par le Conseil d'Etat sur le rapport de M. Aucoc, commissaire du Gouvernement, qui s'est exprimé ainsi : « La preuve que le service des eaux « minérales est bien un service public, c'est que les con- « testations qui s'élèveraient entre l'Etat et les fermiers « de ces établissements à l'occasion des clauses des baux, « doivent d'après l'arrêté du 3 Floréal an VIII, être jugées « par le Conseil de Préfecture...or, pour les contestations « relatives aux baux des biens que l'Etat possède comme « propriétaire (domaine privé de l'Etat), c'est au contraire « l'autorité judiciaire qui est seule compétente ; vous l'a- « vez maintes fois reconnu. Mais il y a mieux, la loi de « 1856 nous fournit un argument qui nous paraît sans « réplique. L'article 12 de cette loi dispose que si une « source minérale déclarée d'intérêt public, mais appar- « tenant à un autre qu'à l'Etat, est exploitée d'une manière « qui en compromette la conservation ou si l'exploitation « ne satisfait pas aux besoins de la santé publique, un

« décret délibéré en Conseil d'Etat peut autoriser l'ex-
« propriation dans les formes prescrites par la loi du
« 3 mai 1841 (1). » C'est là, semble-t-il, une preuve évi-
dente qu'il y a là service public, utilité publique.

« Utilité publique » disons-nous, « intérêt public »
dit la loi. Pourquoi cette différence de mots ? On a fait
remarquer qu'il fallait éviter la confusion entre la reconnaissance d'utilité publique d'une source d'eau minérale
et la déclaration d'utilité publique rendue à propos de
certains travaux à exécuter dans l'intérêt général ; qu'il
fallait éviter que ces deux actes bien différents fussent
pris dans un sens identique. C'est du moins la raison qui
a été donnée par M. Lélut, rapporteur de la loi, lors de
la discussion au Corps législatif. Quel que soit le motif de
cette différence y avait-il lieu de la faire ? Notons que la
loi belge du 31 juillet 1889, qui est copiée en grande partie sur notre loi de 1856, emploie dans son article 1 les
mots : « utilité publique » et non « intérêt public ». Il
est admis cependant que la terminologie française doit
être considérée comme préférable : on ne saurait d'abord
faire trop d'efforts pour éviter en matière de langage
juridique une confusion ; puis, et c'est là surtout le point
essentiel, les mots « utilité publique » peuvent entraîner
des conséquences que la loi belge elle-même n'admet pas.
Ils semblent en effet impliquer qu'il s'agit d'exproprier
pour cause d'utilité publique les terrains où surgissent
les eaux minérales ainsi que les terrains avoisinants ; or
tel n'est pas le but ni de la loi belge ni de la loi française

1. Cons. d'Etat, aff. Lafond-Pasquier c. l'Etat (D. 1867, III, 10).

il s'agit de protection et non d'expropriation ; la loi du 3 mai 1841 est hors de cause.

Quelle est la procédure à suivre pour obtenir la déclaration d'intérêt public ? Aux termes de l'article 1 du titre I de la loi de 1856, les sources minérales sont déclarées d'intérêt public par un décret du chef de l'Etat rendu en Conseil d'Etat, précédé d'une enquête dont le but est de s'assurer que les eaux de la source minérale peuvent utilement être employées dans le traitement de telle ou telle maladie.

Les formes et les conditions de la déclaration sont déterminées par le réglement d'administration publique du 8-20 septembre 1856 dans ses articles 1 à 9, dont l'article 6, § 2, a été modifié par le décret du 11 avril 1888.

La demande doit être adressée au préfet du département où est située la source ; elle doit être rédigée en deux expéditions dont l'une sur papier timbré. Elle énonce les nom, prénoms et domicile du demandeur. Elle doit donner tous les renseignements nécessaires à l'Administration : importance du délit journalier, composition et propriétés spéciales de l'eau, consistance de l'établissement qu'elle alimente, nombre des malades que cet établissement a reçus dans les trois années précédentes ; autant d'éléments capables de guider l'autorité administrative dans la décision qu'on sollicite d'elle. Un plan, faisant connaître les principales dispositions de l'établissement, doit accompagner la demande (art. 1, 2, 3).

L'article 4 prescrit des mesures de publicité destinées à prévenir les intéressés. La demande est publiée et affichée dans la commune où est situé l'établissement et dans le chef-lieu d'arrondissement du département ; elle est annoncée dans les journaux et publiée à son de trompe. Un délai d'un mois est donné à chacun pour faire ses observations et déclarations.

Une commission composée, sous la présidence du Préfet, de deux membres du Conseil Général, de l'ingénieur des mines et du médecin-inspecteur, là où il en existe encore, se réunit à la préfecture pour donner son avis sur le résultat de l'enquête et sur la demande en déclaration d'intérêt public. D'après l'article 6, § 2 du décret du 8 septembre 1856, préalablement à la délibération de la commission, le préfet devait faire vérifier par l'ingénieur des mines le débit journalier des eaux et procéder à leur analyse. Depuis le décret des 11-15 avril 1888, l'ingénieur des mines vérifie bien encore le débit de la source mais l'analyse est faite par une personne choisie par le préfet, personne qui peut ne plus être l'ingénieur des mines.

Le préfet transmet la délibération au ministre de l'Intérieur. Le comité consultatif d'hygiène publique et le conseil général des Mines sont appelés à donner leur avis.

Le Conseil d'Etat statue définitivement, si l'avis est favorable, et un décret est rendu par le chef de l'Etat. Il est publié et affiché dans la commune, aux frais du demandeur, et dans les chef-lieux de cantons de l'arrondissement.

Lorsque plusieurs sources sont exploitées dans un même établissement, la demande peut les comprendre toutes, mais les renseignements doivent être distincts pour chacune d'elles.

Toutes ces formalités quoique longues et minutieuses, étaient nécessitées par l'intérêt public. Aussi le Conseil d'Etat a-t-il toujours décidé qu'elles étaient requises à peine de nullité. En conséquence est entaché d'excès de pouvoir le décret qui a été rendu sans que l'une de ces formalités ait été accomplie ; spécialement est nul le décret qui n'a pas été précédé d'une vérification par l'ingénieur du débit journalier de la source (1). Voici en effet comment raisonne le Conseil d'Etat : lorsqu'un particulier sollicite de l'Administration une faveur, le refus de cette faveur, quelle que soit la raison qui l'ait déterminé, ne peut léser aucun droit acquis. Mais dans le cas où, à raison de la nature ou de l'importance des intérêts engagés, la loi, tout en laissant au Gouvernement un pouvoir discrétionnaire pour rejeter la demande, a prescrit que la décision serait rendue dans des conditions déterminées, et après l'accomplissement de certaines formalités, l'exécution complète de ces prescriptions constitue pour les intéressés un droit d'autant plus absolu qu'elle est leur seule garantie contre les abus que l'Administration pourrait faire du pouvoir discrétionnaire à elle conféré. C'est pourquoi le Conseil a refusé d'admettre que l'irrégularité résultant de l'inobservation de l'une quelconque des formalités prescrites par l'article 6 du décret 1856 puisse être considérée comme sans influence. Inversement, il a jugé que, quand toutes les formalités ont été remplies, le décret qui a déclaré d'intérêt public une source d'eaux

1. Conseil d'Etat, 13 nov. 1885 (*Gaz. Pal.*, 1885, 2, 711).

minérales ne saurait être attaqué pour excès de pouvoir (1).

La déclaration une fois obtenue, quels en sont les effets ? Elle produit un double effet : 1° Elle permet, si la source est exploitée d'une façon qui en compromet la conservation ou si l'exploitation ne satisfait pas aux besoins de la santé publique, d'en faire prononcer l'expropriation par décret ; 2° Elle donne au Gouvernement la faculté d'assigner à la source, et au propriétaire ou concessionnaire, le droit de demander un périmètre de protection. Laissant de côté pour le moment la question d'expropriation, nous devons nous occuper seulement de l'opération qui suit immédiatement la déclaration d'intérêt public, c'est-à-dire la fixation d'un périmètre.

SECTION II

De la détermination du périmètre de protection. Ses effets.

Déterminer un périmètre autour d'un terrain que l'on veut tout spécialement protéger, c'est aller directement contre l'article 552 du Code civil : c'est porter une atteinte grave au droit de propriété des tiers, droit qui comporte l'usage, même abusif, du sol et du sous-sol. On ne s'étonnera point, par suite, de trouver dans la loi une série de précautions prises pour rendre cette dérogation au droit commun la moins lourde possible pour les tiers : si

1. Cons. d'Et., 14 janvier 1876 (recueil Lebon chronol., p. 45). V. aussi Cons. d'Etat, 13 nov. 1885. Aff. Larbaud S. Yorre (Dalloz, 1887, III, 35).

en effet le législateur a été amené, après bien des hésitations et des scrupules, à violer un des droits les plus sacrés de l'individu, il ne l'a fait qu'à son corps défendant. La loi espagnole (Décret du 12 mai 1872) a admis la même dérogation et l'a entourée des mêmes garanties. Quant à la loi belge du 31 juillet 1889, il est à peine utile de rappeler qu'ici encore elle s'est inspirée complètement de la loi française.

Au point de vue du périmètre de protection qui, aux termes de l'article 2 de la loi du 14 juillet 1856, peut être assigné aux sources minérales, celles-ci se divisent en trois groupes : 1° Les sources qui sont déclarées d'intérêt public et pourvues d'un périmètre de protection ; 2° Les sources qui sont simplement déclarées d'intérêt public, sans être pourvues d'un périmètre de protection ; 3° Les sources qui ne sont pas déclarées d'intérêt public et conséquemment non pourvues d'un périmètre.

De celles-ci rien de particulier à dire. Ne présentant pas un intérêt réel pour l'hygiène publique, elles ne sont l'objet d'aucune mesure spéciale de protection, et restent soumises aux règles du droit commun.

Pour celles de la deuxième catégorie, la déclaration d'intérêt public suffit. La fixation d'un périmètre n'a pas été jugée utile, soit que la source soit isolée et n'ait rien à redouter de la part des propriétaires voisins, soit que son importance secondaire n'exige pas une telle protection. Il peut arriver cependant que les voisins, n'ayant pas leur liberté d'allures limitée par une zône, fassent des excavations autour de la source et lui causent un préjudice sérieux. Le préfet peut alors intervenir, en vertu de l'article 6, exprès sur ce point, et suspendre les travaux pour une durée de six mois. De deux choses l'une alors : ou les travaux sont définitivement arrêtés par la fixation d'un périmètre demandée et obtenue dans les six mois, ou aucun périmètre n'est déterminé, et le préfet doit alors autoriser la reprise des travaux.

Restent les sources, qui, après avoir été déclarées d'intérêt public, sont pourvues d'un périmètre de protection ; elles forment le cas le plus général et c'est à elles seules que s'appliqueront les explications qui vont suivre.

L'article 2 de la loi de 1856 s'exprime ainsi : « Un « périmètre de protection peut être assigné, par un dé-« cret rendu dans les formes établies par l'article précé-« dent, à une source déclarée d'intérêt public. Ce péri-« mètre peut être modifié si de nouvelles circonstances en « font reconnaître la nécessité. »

Ainsi le périmètre de protection, dans l'enceinte duquel aucun travail ne peut être effectué sans autorisation, n'est plus fixé d'une manière invariable, comme sous l'empire du Décret du 8 mars 1848. Il varie suivant la nature du sol et les circonstances, c'est-à-dire selon les exigences de la source. Le législateur a voulu respecter le plus possible le droit de propriété, et permet ainsi de ne le sacrifier que dans la mesure du strict nécessaire à la protection de la source. Le périmètre peut donc être restreint ou étendu. C'est là l'une des innovations principales de la loi de 1856.

Le décret du 8 septembre 1856, rendu en exécution de la loi, détermine les formes et les conditions de la fixation du périmètre de protection. Une demande est formée et instruite, sauf quelques détails spéciaux, d'après les mêmes règles, que la demande en déclaration d'intérêt public (art. 10, D. 1856).

Ainsi la fixation du périmètre et la déclaration d'intérêt public sont deux actes distincts. Le propriétaire de la source peut, à son choix, requérir d'abord la déclaration d'intérêt public, et plus tard, par une seconde demande, la fixation d'un périmètre, ou réclamer les deux par une seule et même demande; dans ce dernier cas, il peut être statué sur l'une et l'autre par un seul acte (art. 12, D. 1856).

La demande doit être accompagnée : 1° d'un mémoire justificatif; 2° d'un plan à l'échelle de 1 millimètre par mètre, représentant les terrains à comprendre dans le périmètre et sur lesquels sont indiqués l'allure présumée de la source et son point d'émergence (art. 11, § 1). La demande est publiée et affichée, et des registres d'enquêtes sont ouverts dans chacune des communes sur le territoire desquelles doit s'étendre le périmètre de protection (art. 11, § 2). Si comme le permet l'article 2 de la loi de 1856, le périmètre une fois fixé doit être modifié par suite de certaines circonstances, la demande en modification est formée et instruite comme la demande en première fixation, et il est statué dans les mêmes formes par décret du chef de l'État.

Comme pour la demande en déclaration d'intérêt public, ces diverses formalités sont exigées à peine de nullité (1), mais l'Administration dépasserait ses pouvoirs si d'autres

1. Cons. d'Etat, 13 nov. 1885, déjà cité.

mesures que celles prescrites par la loi ou les règlements étaient prises par elle. Néanmoins l'Etat ne peut être rendu pécuniairement responsable de la faute de ses agents ; le conseil d'Etat l'a décidé à plusieurs reprises, comme nous aurons à le voir *infra*.

Quels sont les effets de la fixation d'un périmètre? L'établissement d'un périmètre impose aux propriétaires situés dans l'intérieur une double contrainte : 1° celle de ne pouvoir entreprendre certains travaux sans une autorisation de l'Administration ; 2° celle de subir sur leurs fonds certains travaux utiles aux sources d'eaux minérales. Ce sera là l'objet de la section suivante.

SECTION III

Travaux exécutés à l'intérieur ou en dehors du périmètre de protection.

La surveillance de l'Administration doit se porter principalement sur les travaux qui peuvent être entrepris dans le périmètre de protection: la conservation de la source en dépend au plus haut degré. Mais là ne doit point s'arrêter son contrôle : il doit aussi s'étendre aux travaux entrepris en dehors du périmètre qui peuvent également nuire, quoique exceptionnellement, à la source. D'autre part l'établissement peut ne pas user des eaux comme l'intérêt public l'exige ; il doit pouvoir être exproprié. Autant de questions, qui toutes découlent de ce fait qu'un périmètre a été fixé autour d'une source déclarée d'intérêt public, et qui doivent être étudiées séparément.

I. — Travaux exécutés dans l'intérieur du périmètre.

Les travaux exécutés dans l'intérieur du périmètre peuvent être de deux sortes : ceux entrepris par les propriétaires des fonds compris dans le périmètre et voisins de la source ; ceux entrepris par les propriétaires ou concessionnaires des établissements thermaux dans l'intérêt des sources sur les terrains précédents. Autrement dit, deux servitudes pèsent sur les fonds qui se trouvent situés dans le périmètre, toutes deux instituées au profit du propriétaire de la source.

§ 1. — *Travaux exécutés par les propriétaires des terrains compris d... s le périmètre (Première servitude).*

On sait qu'avant le décret de 1848 et la loi de 1856, le droit tant du propriétaire du fonds dans lequel jaillissait la source d'eaux thermales que celui des propriétaires voisins de ce fonds était réglé par les articles 641 du Code civil et 552 du même code. Étant donné « que celui qui a « une source dans son fonds peut en user à sa volonté » et que « la propriété du sol emporte la propriété du dessus « et du dessous », tout propriétaire peut, en cette qualité, et comme tel, ayant le droit d'user de sa chose de la façon la plus absolue, faire dans son tréfonds toutes les excavations qu'il lui convient. Nous avons vu comment cet état de choses, protégé par une jurisprudence constante de la Cour de Cassation, fut longtemps à l'abri de toute atteinte, et comment, après bien des débats, le législateur a su en faire raison dans la loi de 1856 ; c'est elle qui encore nous servira de guide.

La loi de 1856 distingue deux catégories de travaux : les uns sont absolument défendus sans autorisation préalable, les autres sont permis sans qu'il y ait besoin d'une autorisation préalable, mais il faut dans certains cas une déclaration. Reprenons-les.

A. — *Travaux défendus sans autorisation préalable*. — L'article 3, § 1 de la loi du 14 juillet 1856, s'exprime ainsi : « Aucun sondage, aucun travail souterrain ne « peuvent être pratiqués dans le périmètre de protec- « tion d'une source minérale déclarée d'intérêt public « sans autorisation préalable. » Il met une entrave considérable au libre exercice du droit de propriété, en créant une servitude au profit des fonds voisins qui renferment dans leur sous-sol des sources minérales ou thermales ; c'est la première et la plus importante des servitudes qui grèvent en notre matière la propriété foncière ; c'est une véritable servitude *non fodiendi* ; aussi dite, *servitude de protection* (1).

Malgré les conséquences déjà assez lourdes que cette servitude entraîne, la jurisprudence l'a encore aggravée en décidant que les dispositions de la loi de 1856 qui défendent d'exécuter des sondages ou autres travaux souterrains sans autorisation préalable s'appliquent non seulement aux travaux commencés après la publication du décret qui fixe le périmètre, mais encore à tous ceux

1. Fliche. *Régime légal des eaux de source et des eaux thermales* (Paris, 1882), p. 24 et suiv.

qui ne seraient que la continuation ou la reprise de travaux entrepris à une époque antérieure (1). Cette solution, sévère au point de vue de la propriété, est conforme aux principes de la loi qui considère la conservation des sources en question comme étant d'intérêt public.

Ainsi ce sont seulement les sondages et les autres travaux souterrains qui ne peuvent être faits sans une autorisation préalable. C'est que le législateur a considéré que ce sont là les travaux qui peuvent le plus compromettre la sécurité de la source ; ils auront en effet pour but le plus souvent de couper les veines de la source qui alimente l'établissement, et il était de toute nécessité d'empêcher un tel résultat. Mais que faut-il entendre au juste par *sondages* ou *travaux souterrains* ? Par *sondages*, il faut comprendre tout travail pratiqué dans le tréfonds au moyen d'une sonde, et qui a pour but de provoquer la formation d'une source ou de détourner une source déjà existante. Par *travail souterrain*, il faut entendre tout ouvrage, telles que fouilles ou excavations dont le but est encore de détourner la source de son cours et de l'issue par laquelle elle jaillit.

Si en principe les propriétaires dont les fonds sont situés dans le périmètre ne peuvent faire ni sondages ni autres travaux souterrains, ils peuvent toutefois, s'il y a lieu, obtenir une autorisation qui ne leur sera accordée qu'après une série de formalités et une enquête minu-

1. Cass. 10 février 1876 (D. 1877, I, 189). V. aussi : Conseil d'Etat, 15 décembre 1876 (D. 1877, III, 21) et Cass. 12 mars 1880 (D. 1880, I, 282).

tieuse. Comment s'y prendront-ils à cet effet? Aux termes de l'article 14 du Décret de 1856, ils doivent adresser une demande au préfet de leur département; cette
demande, faite sur papier timbré, doit énoncer les nom,
prénoms et domicile du demandeur; elle doit être accompagnée d'un plan indiquant les dispositions des ouvrages
projetés, et d'un mémoire explicatif des conditions dans
lesquelles ils doivent s'exécuter. Le préfet prend l'avis de
l'ingénieur des mines et du médecin-inspecteur, s'il y a
lieu; il entend le propriétaire de la source ou l'exploitant, si le propriétaire n'exploite pas lui-même, il donne
son avis et transmet le tout au ministre qui doit donner
l'autorisation, après avoir pris l'avis du conseil général
des minés. Mais quel est le ministre compétent? Avant
1889 le ministre compétent était le ministre du Commerce
et de l'Industrie dont dépendait le service des eaux minérales; depuis cette époque, c'est le ministre de l'Intérieur,
bien que le service technique soit resté sous la dépendance du ministre des Travaux Publics.

Dès que l'autorisation est obtenue, les travaux pourront être pratiqués ; mais il peut se faire que les ouvrages compris dans la catégorie de ceux prévus par l'article 3 de la loi de 1856 soient exécutés sans une autorisation préalable. Qu'arrive-t-il alors ? Il y a infraction
certaine à la loi ; qui sera juge de cette infraction ? la
question est controversée et peu importe pour l'instant la
solution à laquelle on doit s'arrêter ; nous aurons à la
discuter plus tard. Ce qu'il est essentiel de remarquer
pour le moment c'est que, lorsqu'un particulier entreprend
dans l'intérienr d'un périmètre de protection des travaux

qu'il ne peut valablement faire sans autorisation, le préfet ne peut en interdire la continuation sans que l'autorité compétente ait statué sur la contravention (1).

Si au contraire les travaux entrepris en vertu d'une autorisation régulièrement consentie ont pour résultat d'altérer ou de diminuer la source, ils peuvent sur la demande du propriétaire de la source être interdits par le préfet, car ici il n'y a pas contravention à la loi. Les formalités qui doivent précéder la décision du préfet sont indiquées par les articles 16 et 17 du décret de 1856 (2). Le préfet, sur la demande du propriétaire, commet immédiatement l'ingénieur des mines pour constater si les travaux incriminés ont bien pour effet d'altérer ou de diminuer la source. L'ingénieur procède en présence des parties ou elles dûment appelées, à la vérification exigée ; il en dresse procès-verbal, et le transmet avec son avis au préfet, qui statue ainsi qu'il est dit au § 2, art. 4, L. 1856. L'arrêté préfectoral est exécutoire par provision sauf recours au Conseil de Préfecture et au Conseil d'Etat par la voie contentieuse.

Toutefois il a été jugé que l'arrêté par lequel le préfet désigne un ingénieur des mines pour vérifier si les travaux exécutés dans le périmètre nuisent à la source, comme le soutient le propriétaire, est une mesure de sim-

1. Cons. d'Etat, 14 janvier 1876 (D. 1876, III, 67).

2. Les formalités prévues par les articles 16-17, ne s'appliquent qu'aux travaux déjà autorisés ; quand il s'agit de travaux non encore autorisés à exécuter dans le périmètre, il faut suivre les formalités des art. 14-15 D. 1856 (C. d'Etat, 15 décembre 1876, déjà cité).

ple instruction qui ne porte aucune atteinte au droit du propriétaire et n'est pas susceptible d'un recours par voie contentieuse au Conseil d'Etat (C. d'Etat, 17 novembre 1876). (1) En effet, les instructions transmises par un administrateur à un fonctionnaire placé sous ses ordres, ne peuvent donner à ce fonctionnaire des pouvoirs plus étendus que ceux que la loi lui permet de conférer. Le propriétaire conserve naturellement, pour le cas où le préfet croirait pouvoir ultérieurement prononcer l'interdiction des travaux, le droit d'exercer tel recours et faire valoir tels droits et moyens qu'il croira lui appartenir.

Telles sont les dispositions de la loi de 1856 sur les travaux défendus dans le périmètre de protection. Sans doute elles sont rigoureuses; mais si on les compare à celles des pays étrangers, on est frappé de voir que ces derniers, qui cependant n'ont pas de lois spéciales sur les eaux minérales, se montrent souvent plus sévères encore. La loi belge relative aux eaux de Spa dispose dans son article 7 que dans le périmètre fixé il ne pourra être pratiqué « ni sondages, ni creusements de puits, ni « travaux souterrains ni fouilles dont la profondeur excé- « derait 2 mètres sans une autorisation de la Députation « permanente »; l'énumération des travaux qui sont interdits aux propriétaires voisins de la source de Spa est plus longue que celle donnée par l'article 3, § 1 de notre loi : leur droit de propriété en est d'autant plus atteint. Dans le Grand-Duché de Nassau l'Ordonnance de 1860 soumet l'exécution de *toutes* fouilles, souterraines ou même

____

1. Cons. d'Etat, 17 nov. 1876 (Dal. 1877, III, 11).

à *ciel ouvert* dans le voisinage des sources minérales à une autorisation administrative préalable. De même encore la loi prussienne du 24 juin 1865 sur les Mines et la loi saxonne du 16 juin 1868 également sur les Mines, qui ont toutes deux créé autour de plusieurs sources de véritables périmètres de protection, disposent « qu'à l'intérieur de ces périmètres tout travail de fouil- « les quelconques est absolument interdit sans une per- « mission préalable, spéciale de l'autorité minière. » Il est vrai de dire que le projet préparé il y a quelques années par le ministre du Commerce de Prusse tendait à protéger les sources seulement contre les sondages et les travaux souterrains, et non contre toutes les fouilles ; mais nous savons que cette tentative de législation n'a pas abouti. La loi de 1856 reste encore la seule qui res- pecte, autant que faire se peut, les droits inviolables de la propriété.

B. — *Travaux permis sans autorisation préalable.* — Toutes les fois que la conservation de la source l'exige, il était juste de défendre les travaux qui pouvaient lui porter atteinte ; mais il eût été arbitraire et vexatoire, dans un intérêt exagéré de protection, de défendre tout travail à un propriétaire dont le terrain est situé dans le périmètre, lorsque ce travail ne doit porter aucun préju- dice à la source.

Le § 2 de l'article 3 de la loi 1856 dispose en consé- quence : « A l'égard des fouilles, tranchées pour extrac- « tion de matériaux ou pour un autre objet, fondations « de maisons, caves ou autres travaux à ciel ouvert, le « décret qui fixe le périmètre de protection peut excep-

« tionnellement imposer aux propriétaires l'obligation
« de faire au moins un mois à l'avance une déclaration
« au préfet qui en délivre récépissé. »

Le projet portait que l'autorisation exigée pour les
sondages et autres travaux souterrains serait nécessaire
exceptionnellement pour les travaux à ciel ouvert. Cette
proposition a été rejetée, à bon droit, selon nous. D'une
façon générale, les travaux à ciel ouvert ne peuvent
nuire à la source; ils sont d'ordinaire peu profonds, et il
eut été par trop gênant pour le propriétaire de ne pouvoir les exécuter ; toutefois cette solution n'a pas été
admise dans tous les pays, et nous venons de voir que
d'après l'Ordonnance du Grand-Duché de Nassau de 1860
une autorisation est nécessaire même pour les travaux à
ciel ouvert. Quant aux fouilles et aux tranchées, il semble à première vue qu'elles auraient dû être défendues
comme rentrant dans les mots du § 1 de l'article 3 :
« aucun travail souterrain », et comme tels soumis à une
autorisation préalable. Mais que l'on ne s'y trompe point,
elles ne sont permises que quand elles doivent servir à
un but bien déterminé, « extraction de matériaux, ou pour
un autre objet », mais rentrant dans le même ordre d'i-
dées, pour « fondations de maisons, caves »; en un mot, car
la liste donnée par le § 2 n'est pas limitative, toutes les
fois où il n'y a pas à craindre qu'elles soient faites dans le
but de nuire à la source, toutes les fois où elles sont
exécutées dans un but avéré, certain, utile, indispensable
au propriétaire du fonds. On ne peut, en bonne équité,
parce qu'il a dans son voisinage une source et qu'il se
trouve englobé dans le périmètre, faire défense à ce pro-

priétaire, qui n'en peut mais, de bâtir ou de planter.

Mais il ne faut rien exagérer ; si l'intérêt privé mérite quelques égards quand l'intérêt public n'est pas en jeu, dès que celui-ci est menacé, il doit l'emporter. L'Administration en effet reste juge de l'importance des travaux que le propriétaire prétend avoir le droit de faire, et du plus ou moins grand dommage qui peut en résulter pour la source protégée. Le décret qui fixe le périmètre de protection peut, en effet, mais *exceptionnellement* s'entend, imposer au propriétaire l'obligation de faire, au moins un mois à l'avance, une déclaration au préfet. C'est une faculté et une exception, qui ne trouveront d'application que dans le cas assez rare où les travaux projetés pourront occasionner un dommage appréciable à la source. Le principe reste debout : les travaux d'une certaine catégorie sont permis sans une autorisation préalable, mais l'Administration n'est pas désarmée.

§ 2. — *Travaux exécutés par le propriétaire de la source sur le fonds d'autrui (deuxième servitude).*

Il n'est pas seulement interdit au propriétaire dont le terrain est compris dans le périmètre de protection d'une source déclarée d'intérêt public d'y faire des travaux de sondages, il doit de plus subir de la part du possesseur de la source un empiètement momentané. C'est là une deuxième servitude créée par le législateur de 1856 en faveur des établissements thermaux. C'est une servitude d'occupation temporaire, analogue à celle établie pour l'exécution de certains travaux publics. Elle est le com-

plément indispensable de la première, mais à la différence de la servitude *non fodiendi* qui est une servitude
in non faciendo, celle qui va nous occuper maintenant
consiste *in patiendo*.

Aux termes de l'article 7 de la loi de 1856, « dans l'in-
« térieur du périmètre de protection, le propriétaire d'une
« source déclarée d'intérêt public a le droit de faire,
« dans le terrain d'autrui, à l'exception des maisons d'ha-
« bitation et des cours attenantes, tous les travaux de
« captage et d'aménagement nécessaires pour la conser-
« vation, la conduite et la distribution de cette source,
« lorsque ces travaux ont été autorisés par un arrêté du
« ministre de l'Agriculture, du Commerce et des Travaux
« Publics. »

Ainsi, ce que la loi a eu surtout en vue c'est la conservation et l'aménagement de la source. Pour arriver à ce
double but, si des travaux sont nécessaires, le propriétaire doit pouvoir les exécuter, sous la surveillance et la
protection de l'Administration, mais sans craindre de se
heurter au mauvais vouloir des propriétaires des terrains
voisins. Toutefois son droit est limité aux seuls travaux
de captage et d'aménagement, et encore faut-il bien s'entendre sur ces mots. Il ne s'agit pas, comme on pourrait
le croire, de travaux ayant pour objet de rechercher et
de prendre dans les terrains compris dans le périmètre
toutes les eaux minérales qui pourraient se rencontrer
dans leurs profondeurs ; il s'agit seulement de travaux de
captage ou d'aménagement de celles des eaux qui font
partie de la source déclarée d'intérêt public.

C'est là déjà une première limitation apportée au droit

du propriétaire de la source ; ce n'est pas la seule, et diverses garanties sont données aux propriétaires des terrains sur lesquels les travaux de ce genre doivent s'exécuter.

Tout d'abord les travaux que le propriétaire de la source veut accomplir doivent être autorisés par un arrêté du ministre de l'Agriculture, du Commerce et des Travaux Publics, disait la loi de 1856, par un arrêté du ministre de l'Intérieur, dit aujourd'hui le décret de 1889. Sa décision doit être en plus précédée d'une enquête dans laquelle sont entendus les propriétaires des terrains.

En second lieu, une fois les travaux de captage ou d'aménagement autorisés, l'occupation du terrain sur lequel ceux-ci doivent se faire ne peut avoir lieu qu'en vertu d'un arrêté du préfet qui en fixe la durée.

Enfin, si en principe tout travail de captage et d'aménagement est autorisé sur toute l'étendue du terrain d'autrui ; il y a cependant une réserve pour les « maisons d'habitation et les cours attenantes ». En ce qui concerne les maisons et les cours, si néanmoins le propriétaire de la source veut y faire un travail quelconque, il devra recourir à une expropriation préalable dans les termes de la loi du 3 mai 1841. Cette réserve, remarquons-le bien, ne s'étend qu'aux maisons et aux cours. M. Pelet (de la Lozère) avait bien, lors de la discussion de la loi, proposé par analogie avec la loi du 21 avril 1810 sur les Mines, d'excepter les maisons, cours, jardins, parcs et enclos attenants aux habitations ; mais son avis ne fut pas suivi. La loi de 1856 s'en est tenue aux maisons et aux cours. Elle a bien fait, car, comme le fait remarquer

judicieusement M. Nadault de Buffon (1), « si on y avait
« compris les enclos et jardins, même les parcs, il est
« évident que les exceptions eussent effacé la règle. »

Ce que le propriétaire d'une source peut faire sur le
terrain d'autrui, il doit pouvoir *a fortiori* le faire sur son
propre fonds. L'article 8 de la loi de 1856 dit en effet
que : « Le propriétaire d'une source d'eau minérale décla-
« rée d'intérêt public peut exécuter sur son terrain tous
« les travaux de captage et d'aménagement nécessaires
« pour la conservation, la conduite et la distribution de
« cette source. » Mais il doit communiquer ses projets
au préfet, et ce n'est qu'un mois après qu'il pourra commencer ses travaux ; c'est là encore une garantie donnée
aux propriétaires voisins contre des travaux entrepris
inopinément et qui pourraient leur nuire. En cas d'opposition du Préfet, le propriétaire peut se pourvoir devant
le ministre de l'Intérieur, et dans ce cas il ne peut commencer ou continuer ses travaux qu'après avoir obtenu
une autorisation de celui-ci ; à défaut de décision, dans
les trois mois, il peut passer outre et exécuter les travaux (article 8, § 3. L. 1856) : il est à présumer que si
dans ce délai le ministre n'a pas donné raison au préfet,
c'est que les travaux à exécuter n'offrent aucun danger.

II. — Travaux exécutés en dehors du périmètre.

La préoccupation incessante du législateur est la santé
publique et partant la protection de la source. Souvent le

1. *Traité des eaux de source et des eaux thermales*, déjà cité, p. 446.

périmètre fixé par le décret ne sera pas suffisant pour assurer cette protection. En effet, il ne peut être déterminé qu'approximativement; on comprendra bien le plus possible dans le rayon les veines principales qui alimentent la source, mais presque forcément certaines ramifications, certaines branches resteront au dehors. Par suite de travaux entrepris en dehors du périmètre, il pourra arriver que certaines veines secondaires, jugées au début sans importance, soient coupées : le débit de la source en sera sensiblement diminué. Un tel état de choses ne pouvait rester en dehors des prévisions du législateur: ne soumettre d'une manière absolue à une autorisation que les travaux exécutés dans l'intérieur du périmètre, c'eût été ne donner à la source qu'une protection incomplète.

La loi de 1856 y a pourvu. Si en effet en principe les travaux exécutés en dehors du périmètre sont libres, une dérogation importante y est apportée le cas échéant. L'article 5, § 1 de la loi est ainsi conçu : « Lorsqu'à rai-
« son de sondages ou de travaux souterrains entrepris
« en dehors du périmètre et jugés de nature à altérer
« ou diminuer une source déclarée d'intérêt public, l'ex-
« tension d'un périmètre paraît nécessaire, le préfet peut,
« sur la demande du propriétaire de la source, ordonner
« provisoirement la suspension des travaux. » Ainsi le préfet peut ordonner la suspension des travaux, pendant qu'une extension de périmètre est demandée. De deux choses l'une alors : ou un périmètre nouveau est fixé (art. 2, L. 1856) et alors les travaux suspendus provisoirement doivent être définitivement abandonnés, ou, dans un délai de six mois, un décret n'est pas rendu sur

la question, et alors les travaux peuvent ètre repris (art. 5, § 2, L. 1856).

Notons, avec l'article 6, que ces dispositions s'appliquent également à une source minérale déclarée d'intérèt public, mais à laquelle aucun périmètre n'a été assigné. Dans ce cas, il s'agit d'établir un périmètre, non de l'étendre.

Aux termes de l'article 18 du décret du 8 septembre 1856, les formalités exigées par les articles 16 et 17 du même décret, lorsque le propriétaire demande au préfet d'interdire des travaux entrepris dans l'intérieur du périmètre, doivent ètre également remplies pour les travaux dont on demande la suspension en dehors du périmètre. Il a même été jugé que l'arrêté par lequel le préfet interdit provisoirement les travaux de ce genre, sans s'ètre conformé aux formalités en question, est entaché d'excès de pouvoir (1).

Ici se présente une question importante. Parmi les travaux qui, entrepris en dehors du périmètre, peuvent nuire à la source, il faut, à côté des sondages et des travaux souterrains visés par l'article 5, placer les travaux de mines. La source peut en effet, comme au cas précédent, s'étendre au loin et avoir des ramifications jusque dans une mine voisine. Celle-ci tient donc dans cette hypothèse la source dans sa dépendance, soit parce qu'elle renferme des nappes d'eaux similaires, soit parce qu'elle renferme les veines elles-mèmes. C'est cette dépendance qu'avait perdue de vue la loi de 1856. A ce moment et

1. Cons. d'Etat, 7 août 1875 (D. 1875, III, 75).

jusqu'en 1880, seule la loi du 21 avril 1810 aurait pu remédier au danger. Or, nous avons vu que rien dans cette loi n'autorisait l'intervention de l'Administration, et que le Conseil d'Etat s'était toujours refusé à regarder comme légales les clauses restrictives imposées par elle aux concessionnaires des mines dans leurs cahiers des charges (1). Ajoutons que le Conseil Général des Mines décidait également que la protection des sources ne figure pas parmi les intérêts que l'Administration a le droit et le devoir de sauvegarder, sans qu'il y ait lieu de distinguer entre les sources privées ou celles affectées à un usage public, et qu'en conséquence il n'existait aucun moyen préventif pour conjurer le mal que peut causer un concessionnaire ; que celui-ci était donc libre de couper les veines.

Ce que n'avait pas fait la loi de 1856 fut réalisé par la loi du 27 juillet 1880 ayant pour objet de modifier la loi du 21 avril 1810 sur les Mines. Rappelons le nouvel article 50 de cette loi : « Si les travaux de recherche ou « d'exploitation d'une mine sont de nature à compromet- « tre... la conservation des eaux minérales, ou l'usage « des sources qui alimentent des villes, villages, hameaux « ou établissements publics, il y sera pourvu par le Pré- « fet. » On le voit, le législateur a pris un juste milieu, il avait en effet un double choix à faire : ou laisser au concessionnaire de la mine une liberté absolue ou au contraire donner à l'Etat le droit de régler le tout. Il a

1. *Traité des eaux*, d'Alfred Picard, inspecteur général des Ponts et Chaussées. Paris, 1890. Tome I, p. 83.

sagement agi en organisant un système préventif et mixte. En cela il a été surtout guidé par l'exemple des législations étrangères, et principalement par celle de l'Allemagne où, comme nous l'avons déjà fait remarquer, toutes les mesures prises jusqu'à ce jour n'ont pour but que de protéger les sources minérales contre les travaux de recherche et d'exploitation des mines.

De l'article 50 et d'un Décret du 25 septembre 1882, modifiant l'Ordonnance du 26 mars 1843 (1), il découle que toutes les fois que les travaux de recherche ou d'exploitation d'une mine seront de nature à compromettre des eaux minérales, les concessionnaires seront tenus d'en donner immédiatement avis à l'ingénieur des mines et au maire de la commune dans laquelle la recherche ou l'exploitation s'effectue; l'ingénieur des mines, ou à son défaut le garde-mine, dressera procès-verbal, le transmettra au préfet en y joignant l'indication des mesures qu'il jugera propres à faire cesser la cause du danger; le maire devra de son côté adresser aussi au préfet ses observations et ses propositions. En cas de péril imminent, l'ingénieur des mines fera, sous sa responsabilité, les réquisitions nécessaires pour qu'il y soit pourvu sur le champ. Le préfet prendra, après avoir entendu le concessionnaire et le propriétaire de la source, tel arrêté qu'il jugera opportun (2).

1 Ordonnance du 26 mars 1813 *concernant les mesures à prendre lorsque l'exploitation d'une mine compromettra la sûreté publique, ou celle des ouvriers, la solidité des travaux, la conservation du sol et des habitations de la surface.*

2. Aguillon. *Législation des mines*, 1886. Tome II, n. 539.

Mais quel est au juste le pouvoir du préfet agissant en vertu de l'article 50? A prendre à la lettre les mots : « il y sera *pourvu* par le préfet, » la loi semble laisser ce dernier complètement libre. Il ne pouvait en être ainsi. Son droit est limité aux *mesures préventives* et de *protection* ; mais il peut agir non-seulement *a priori* en imposant des précautions nécessaires dans la conduite de l'exploitation minière, mais aussi *a posteriori* par des prescriptions de même ordre. Dans ces limites, il peut prendre toute mesure qu'il juge convenable ; il peut interdire l'exploitation d'une partie de la mine, et cela non seulement dans la partie menaçante, mais encore dans toute l'étendue de la mine : à ce point de vue, sa liberté est absolue, et, comme nous le verrons, il n'y a pas lieu à indemnité en faveur du concessionnaire. Là s'arrêtent les pouvoirs du préfet : il ne saurait, par exemple, ordonner au concessionnaire de substituer aux eaux disparues d'autres eaux prises sur un autre point, à supposer qu'il y ait dans la mine une source ayant les mêmes propriétés curatives ; ce ne serait plus une mesure préventive ou de protection, mais une mesure de fond. Ajoutons que les mesure prises par le préfet doivent toujours avoir un caractère individuel ; elles ne pourraient s'appliquer d'une façon générale à tous les concessionnaires de mines d'un département. Si elles revêtaient ce caractère de généralité, elles seraient illégales et n'obligeraient pas les tribunaux : ainsi l'a décidé un arrêt du Conseil d'Etat du 4 mars 1881 (1).

1. Cons. d'Etat, 4 mars 1881 (D. 1882, III, 70). V. aussi Aguillon, déjà cité, tome II, n. 538.

Ainsi pour le cas qui nous occupe, c'est le préfet qui
intervient toujours : le concessionnaire n'est jamais mis
en rapport avec le propriétaire de la source minéro-thermale ; il n'a jamais affaire qu'avec l'Administration qui se
charge de faire exécuter les ordres qu'elle a donnés. C'est
là une différence avec la loi de 1856 qui autorise le propriétaire de la source d'accomplir lui-même les travaux
dans le périmètre. De là est née une difficulté, pour le cas
où la mine n'est plus située en dehors du périmètre,
comme nous l'avons supposé jusqu'ici, mais bien dans
l'intérieur du périmètre. Dans ce cas, à côté de l'article 50 de la loi de 1880, il y a l'article 7 de la loi de
1856 aux termes duquel, *dans l'intérieur du périmètre*, le
propriétaire a le droit de faire, dans le terrain d'autrui,
des travaux de captage et d'aménagement nécessaires à
la conservation de la source, lorsqu'ils sont autorisés par
un arrêt ministériel. Lequel des deux textes faut-il appliquer dans notre espèce ? On pourra, croyons-nous, appliquer successivement les deux : si le ministre refuse
l'autorisation, on pourra recourir à la loi de 1880 et demander au préfet de pourvoir lui-même au danger. En
somme, les sources d'eaux minérales seront doublement
protégées contre les mines situées dans le périmètre, ce
qui d'ailleurs est conforme à l'esprit de la loi, tandis
qu'elles n'auront contre les mines exploitées en dehors
que le secours de l'article 50.

Notons enfin que, si malgré les mesures préventives
ou réparatrices ordonnées par le préfet en vertu de l'article 50, les eaux étaient néanmoins taries, le propriétaire
de la source déclarée d'intérêt public pourrait s'adresser

aux tribunaux pour obtenir la réparation du dommage qui lui est causé, au même titre que les propriétaires de sources privées.

III. — De l'expropriation.

Le législateur, en étendant l'expropriation à notre matière, a cédé à un double motif. Il a voulu d'abord, à côté et après les charges imposées par lui à la propriété dans l'intérêt des établissements thermaux, placer les obligations des détenteurs de sources formant ainsi une sorte de compensation avec les avantages que la loi leur confère. Il s'est ensuite laissé guider par cette idée dominante, et qui apparaît à chaque pas dans l'étude de la loi de 1856, la préoccupation de la santé publique. Il ne pouvait en effet se borner à garantir les sources contre les atteints des tiers; il devait aussi les protéger contre leurs propriétaires eux-mêmes ou les concessionnaires de ceux-ci (1).

Si une source a été déclarée d'intérêt public, il faut

1. En France, le mode d'administration des Etablissements thermaux varie selon qu'ils appartiennent à l'Etat, aux communes ou à un particulier. Le mode le plus simple (c'est celui que nous supposons ici) est celui qui émane directement du simple particulier, propriétaire de la source, ou de son concessionnaire. A côté, il faut placer la régie, puis la ferme (Vichy), enfin l'administration par un conseil collectif représentant les vallées dont dépendent les établissements (spécial aux Pyrénées).

En Allemagne, les établissements de ce genre appartiennent soit à l'Etat, soit aux communes, soit aux particuliers ou aux commu-

qu'elle soit convenablement exploitée, qu'elle rende au public les services qu'il est en droit d'attendre d'elle et qui soient proportionnés à l'importance qu'on lui attri-bue. En conséquence, si le propriétaire l'exploite d'une manière qui ne satisfasse pas aux besoins de la santé publique, ou si par une gestion inhabile il en compromet la conservation, il est juste qu'il puisse en être dépossédé et que cette dépossession s'étende aux dépendances nécessaires à l'exploitation. Il y a lieu alors à expropriation. En Espagne, il en est de même. D'après la loi Organique de Santé du 28 novembre 1855, tout propriétaire qui a dans son fonds une source d'eau dont on a reconnu la vertu curative « doit l'exploiter et l'exploiter d'une façon utile à l'humanité souffrante. » En conséquence s'il n'exploite pas ou n'exploite qu'imparfaitement, il y a place à expropriation forcée de la source ou de l'établissement.

L'article 12 de la loi de 1856 prévoit le cas : « Si une « source d'eau minérale, déclarée d'intérêt public, est « exploitée d'une manière qui en compromette la conser- « vation, ou si l'exploitation ne satisfait pas aux besoins « de la santé publique, un décret, délibéré en Conseil « d'État, peut autoriser l'expropriation de la source et de « ses dépendances nécessaires à l'exploitation. »

Quels sont au juste les cas où l'expropriation pourra être provoquée? M. Lélut, dans son rapport au Corps

nautés religieuses ; en général, le propriétaire exploite directement.

En Italie, les eaux minérales étant assimilées aux substances concessibles appartiennent à l'Etat qui les exploite lui-même ou par concession.

législatif, s'exprimait ainsi : « En présence du privilège
« accordé aux propriétaires des sources thermales, il faut
« des garanties contre la possibilité d'une mauvaise ges-
« tion. Leurs obligations en ce qui concerne les besoins
« de la santé publique sont déterminées par une Ordon-
« nance du 23 juin 1818, dans laquelle sont énumérées
« les conditions d'exploitation. Si le propriétaire ne
« les aménage pas convenablement, s'il n'a pas le nom-
« bre nécessaire de baignoires et de piscines, il tombera
« sous le coup de l'article 12. » Ainsi la faculté d'exproprier ne peut être appliquée qu'au cas où l'exploitation
compromet la conservation de la source ou ne satisfait
pas aux nécessités de la santé publique. Elle est res-
treinte à la conservation et à l'aménagement des eaux,
et ne pourrait s'étendre au cas où il s'agirait simplement
d'embellir un établissement.

Quand l'expropriation est possible, comment s'opère-t-
elle ? Il faut, comme le prescrit l'article 12, qu'elle soit
autorisée par un décret du chef de l'État, délibéré au
Conseil d'État ; puis on procède en tous points d'après les
formes de la loi du 3 mai 1841, car il s'agit bien ici d'expropriation pour cause d'utilité publique.

Toutes les garanties protègent donc le propriétaire
exproprié, puisqu'il ne peut l'être que dans des cas res-
treints, et que après une série de formalités qui sont
la plupart édictées dans son intérêt : en opérant ainsi, le
législateur a sagement agi.

SECTION IV

Inspection des eaux minérales ou thermales.

A côté de la déclaration d'intérêt public, à côté de la détermination d'un périmètre et des restrictions qu'elle entraîne; à côté de la menace d'expropriation, il convient de placer comme mesures destinées à protéger les sources d'eaux minérales ou thermales, le service du contrôle et de l'inspection. Toujours guidé par l'intérêt de la santé publique, le législateur devait s'opposer à ce que le propriétaire d'une source pût faire tout ce qu'il eût voulu. Déjà on avait beaucoup fait en ce sens bien avant la loi de 1856, nous l'avons vu ; aujourd'hui on semble abandonner ce moyen et considérer l'inspection comme peu efficace. Quoiqu'il en soit, nous avons à examiner comment cette inspection était organisée et à voir ce qui en subsiste encore.

Un contrôle pèse sur le propriétaire d'une source d'eau minérale, et ce contrôle s'applique aux sources déclarées d'intérêt public comme à celles qui ne le sont pas. Il appartient aux ingénieurs des mines et à des délégués spéciaux de l'Administration ou médecins-inspecteurs. Si le propriétaire ou le concessionnaire de la source n'obéit pas aux ordres de ces agents, l'Administration a une double sanction : elle peut retirer l'autorisation d'exploiter ou du moins menacer de la retirer, et souvent cette menace sera un moyen d'intimidation suffisant auquel le propriétaire se soumettra, ou bien s'il s'agit d'une source simplement autorisée (art. 1. Ordonnance de 1823) la faire déclarer d'intérêt public et la soumettre ainsi à la réglementation de la loi de 1856.

La surveillance est donc confiée aux ingénieurs des mines et à des délégués spéciaux de l'Administration.

I. — Des ingénieurs des mines.

Leurs attributions sont purement techniques, et ne portent que sur les eaux en tant que souterraines. Au point de vue de cette catégorie d'attributions, les ingénieurs de mines ne dépendent pas, comme on pourrait le croire, du ministère où est concentré le service des eaux minérales, mais bien du ministère des Travaux Publics. Jusqu'en 1869, nous avons déjà eu l'occasion de le dire, le service des eaux ressortissait du ministère de l'Agriculture, du Commerce et des Travaux Publics ; en 1869, un décret créa un ministère distinct, dit du Commerce et de l'Agriculture, auquel furent rattachées la surveillance et l'administration de ces eaux, mais un autre décret du 14 août de la même année décida que néanmoins les ingénieurs des mines resteraient chargés de toute la partie technique sous la surveillance du ministre des Travaux Publics. Depuis cette époque le service des eaux minérales a appartenu en 1881 au seul ministère du Commerce détaché du ministre de l'Agriculture et en 1886 au ministère du Commerce et de l'Industrie ; depuis 1889, il dépend du ministère de l'Intérieur ; toutefois, aucun décret n'étant venu modifier celui du 14 août 1869, les ingénieurs des mines restent toujours, en tant que chargés de la surveillance technique des établissements thermaux, sous la direction du ministre des Travaux Publics.

Leurs attributions ont été réglées par une circulaire en date du 5 octobre 1855 (1). Pendant longtemps la surveillance des établissements thermaux au double point de vue de la recherche, de la conservation, et de l'aménagement des sources d'une part, de la distribution et de l'emploi des eaux dans l'intérêt public d'autre part, était centralisée dans les mains des médecins-inspecteurs. L'expérience ne tarda pas à démontrer l'insuffisance de ce service: on fit remarquer que la nature et le régime des eaux minérales sont intimement liés à la constitution géologique du sol, et que par là-même le jaugeage et l'aménagement des sources ne peuvent être surveillés et dirigés que par des hommes connaissant les faits susceptibles de modifier la composition, l'abondance et la température des eaux; aussi toutes les mesures relatives à la recherche, à la conservation et à l'aménagement des sources rentrèrent-elles dans les attributions du service ordinaire des ingénieurs des mines.

Ils doivent, aux termes de la circulaire de 1855, être chargés de la recherche et du captage des sources nouvellement découvertes, et surveiller leur aménagement. Ils doivent donner leur avis sur les demandes en déclaration d'intérêt public, en fixation du périmètre de protection, et sur celles en autorisation de travaux. Ils sont te-

1. Circulaire du ministre du Commerce, de l'Agriculture et des Travaux Publics du 5 octobre 1855 (D. 1856, III 12).

nus de diriger les travaux de construction et d'entretien exécutés sur les sources, de constater les dépenses et les recettes des établissements exploités par l'industrie privée, etc. A cet effet, ils sont obligés de visiter les sources, et spécialement celles qui sont autorisées, de temps à autre, et au moins une fois par an. Quand les sources appartiennent à l'État, aux départements ou aux communes, ils doivent surveiller l'exécution des travaux de recherche, de captage et d'aménagement, et rendre immédiatement compte à l'Administration locale ou supérieure des faits qu'ils auront constatés.

Toutefois cette série d'attributions confiées aux ingénieurs des mines ne doit préjudicier en rien aux fonctions de ceux des médecins-inspecteurs qui subsistent encore ; ces médecins restent chargés seuls de la distribution et de l'emploi des eaux une fois amenées dans les réservoirs qui doivent les recevoir. L'action des ingénieurs s'arrête à ces réservoirs, comme le dit la Circulaire de 1855 ; aux réservoirs commence celle des médecins-inspecteurs.

II. — Des médecins-inspecteurs.

Les délégués spéciaux de l'Administration sont les *médecins-inspecteurs ;* ils avaient du moins ce nom d'après les règlements. Ils n'offrent plus aujourd'hui en France qu'un intérêt posthume. Au contraire, ils forment encore en Espagne une particularité de la réglementation de ce pays. Sous le nom de *médecins-directeurs,* ils constituent un corps dans lequel l'entrée et la sortie, l'avancement, les mutations, la discipline sont réglés par décret avec un grand détail. Il y a un médecin-directeur par établissement. Ce n'est pas un simple agent de surveillance, se bornant à inspecter l'état des sources et de l'établissement; il a un véritable rôle actif non-seulement au point de vue médical, mais encore sous le rapport administratif. Il fait des règlements relatifs à l'hygiène et à la police sanitaire; il peut mettre à l'amende et renvoyer les gens de service aux gages du propriétaire; il dresse une statistique médicale très complète chaque année dont l'ensemble est mis en œuvre par une Commission permanente qui doit rédiger un *Annuaire officiel des eaux minérales d'Espagne.*

En France les médecins-inspecteurs n'ont jamais eu des attributions aussi étendues. Créée par Henri IV, l'inspection fut développée par l'arrêté du 5 mai 1781 et réglée minutieusement par l'Ordonnance de 1823. Le décret de 1856 ne s'en était guère occupé, et ce n'est que le décret des 28 janvier-13 février 1860, qui a, dans son titre II, comblé la lacune.

D'après cette législation, toutes les fois qu'un établissement était suffisamment important, un médecin-inspecteur y était attaché. Une même inspection pouvait comprendre plusieurs localités dans sa circonscription, lorsque le service le permettait. Il pouvait être nommé des inspecteurs-adjoints. La nomination et la révocation des inspecteurs en titre ou adjoints appartenait d'après le décret de 1860 au ministre du Commerce. C'était donc le *système de l'inspectorat permanent résidant* que le décret avait institué. Toutefois pour qu'il y eût un inspec-

teur attaché à poste fixe à chaque localité, il était nécessaire que l'établissement ait un revenu supérieur à 1500
francs ; au dessous il était néanmoins soumis à l'inspection
médicale, mais elle consistait alors dans des visites faites
par des inspecteurs envoyés en tournée par le ministre
du Commerce quand il le jugeait convenable (art. 5. D.
1860).

Quelles étaient les attributions des médecins-inspecteurs ? A la différence des ingénieurs des mines, dont les
attributions étaient purement techniques, celles des
médecins-inspecteurs n'avaient trait qu'à la surveillance
sur toutes les parties de l'établissement thermal affectées
à l'administration des eaux et au traitément des malades.
En un mot, les médecins-inspecteurs n'avaient à examiner qu'une chose : voir si le service de la source et de
l'établissement répondait bien aux besoins des malades.
Là s'arrêtait leur pouvoir. Ils étaient toutefois tenus de
soigner gratuitement les malades appelés comme indigents à faire usage des eaux. Concurremment avec les
ingénieurs des mines, ils étaient obligés d'informer le
préfet des contraventions et infractions aux règlements
sur les eaux minérales qui venaient à leur connaissance,
et de proposer les mesures dont la nécessité leur paraissait démontrée.

Quant à leur traitement, la législation a varié sur ce
point. L'article 10 de l'arrêté du 3 Floréal an VIII fixait les
appointements des officiers de santé chargés de l'inspection
des eaux proportionnellement à l'importance de l'établissement auquel ils étaient attachés. La loi de Finance du
17 août 1822 prescrivait de percevoir les rétributions

pour leur traitement sur les établissements eux-mêmes ;
cette disposition a p.. sé dans les budgets postérieurs. Le
décret de 1860 a remanié ces traitements et leur base (1).
Les articles 22 à 33 de ce décret réglèrent la question avec l'article 18 de la loi de 1856 ainsi conçu : « La
« somme nécessaire pour couvrir les frais d'inspection
« médicale et de surveillance des établissements d'eaux
« minérales autorisés est perçue sur l'ensemble de ces
« établissements. Le montant en est déterminé tous les
« ans par la loi de Finance. La répartition en est faite
« entre les établissements au *prorata* de leurs revenus.
« Le recouvrement a lieu, comme en matière de contribu-
« tions directes, sur les propriétaires, régisseurs ou
« fermiers des établissements. »

Ces dispositions furent la source de nombreuses difficultés, et si nous les examinons ici c'est qu'elles furent
la cause indirecte de la suppression de l'inspectorat. D'a-
près elles l'Etat devait donc payer les inspecteurs, mais
à cet effet il percevait sur les établissements une taxe
proportionnelle aux recettes de ceux-ci et dont le montant devait pourvoir à cette dépense. Mais pour cela, il
fallait pouvoir déterminer la part contributoire de chaque
établissement dans le total général des frais d'inspection
à inscrire annuellement au budget, connaître le reve-

1. Les médecins inspecteurs étaient divisés en trois classes : ceux de
la première classe (1000 fr. de traitement) étaient ceux des établissements dont le revenu annuel était de 10.000 fr. ; ceux de la deuxième
classe (800 fr.) dépendaient des établissements dont le revenu était de
5000 à 10.000 fr. ; ceux de la troisième classe (600 fr.) étaient attachés aux établissements dont le revenu variait de 5000 à 1500 fr.

nu de chacun d'eux, et contrôler le chiffre de leurs recettes, que tout naturellement chaque propriétaire avait intérêt à cacher pour rendre moins élevé celui de sa contribution. Malgré les mesures prises par le décret de 1860, il n'a jamais été possible de fixer le montant des sommes à payer par les établissements ; aussi le traitement des médecins-inspecteurs n'a-t-il jamais figuré au budget des recettes, et les médecins n'ont-ils jamais été payés par l'Etat. Cet état de choses amena des résultats déplorables. Dans certains établissements les médecins furent payés directement par le propriétaire, contrairement aux prescriptions de la loi ; c'était soumettre l'inspecteur à l'inspecté ! Ailleurs ils firent de la clientèle et furent amenés, pour s'en procurer une, à ménager l'établissement lui-même ; c'était le contraire du but pour lequel ils avaient été institués. Là où ils étaient payés par les établissements le chiffre de leur traitement fut, par suite de conventions et de traités, élevé parfois au-dessus du minimum fixé par la loi, dans d'autres au contraire il fut réduit au-dessous du maximum ; dans plusieurs enfin il a été complètement supprimé par les propriétaires ou fermiers des établissements, qui, affranchis de tout contrôle, avaient mis leur intérêt au-dessus des prescriptions de la loi.

Les médecins-inspecteurs n'étant payés ni par l'Etat ni par les établissements réclamèrent. Ils s'adressèrent d'abord aux propriétaires des établissements. Contrairement à toutes les prévisions, un jugement du Tribunal de la Seine en date du 22 juillet 1879 (1), leur donna gain

1. Trib. Seine, 22 juillet 1879 (Gaz. des Tribun. du 3 sept. 1879).

de cause. Suivant ce jugement, la législation de 1856 et
1860 étant restée lettre morte et l'Etat n'ayant pas pris à
sa charge les traitements, les inspecteurs n'avaient pas
perdu le droit d'agir contre les propriétaires qui sont restés leurs véritables débiteurs. Mais ce jugement fut
réformé par la Cour d'Appel de Paris dans un arrêt du
23 novembre 1880 (1), qui décida que les médecins-inspecteurs étaient des fonctionnaires publics et comme tels
devaient être payés par l'Etat au moyen d'une contribution imposée aux Etablissements thermaux. Les médecins
portèrent alors leur plainte auprès du Ministre du Commerce dont dépendait alors le service des eaux et l'inspectorat médical ; se fondant sur l'article 18 de la loi de
1856 et l'arrêt précité, ils réclamèrent le paiement de leur
traitement qui depuis plusieurs années leur était dû par
l'Etat et qui n'avait jamais été acquitté ni par le Trésor ni
par les établissements thermaux. Au même moment le Conseil d'Etat fut saisi d'une requête par l'un d'entre eux, et
il rendit sa décision le 13 janvier 1882 (2). Cet arrêt décida
que l'Etat était seul débiteur des traitements, aux termes
de l'article 18, car cet article ne crée pas un droit d'op-
tion au profit des créanciers entre deux débiteurs, le
propriétaire ou fermier de l'Etat d'une part, et l'Etat
d'autre part ; il impose exclusivement à ce dernier la
charge du traitement. Le Conseil d'Etat était dans le vrai.
Cette jurisprudence eut pour conséquence de mettre à la
charge du Trésor le paiement d'une somme importante ; par

1. Cour d'appel, 23 novembre 1880 (Sirey, 1881, II, 5).
2. C. d'Etat, 13 janvier 1882 (D. 1883, III, 45).

suite de l'inefficacité reconnue des dispositions du décret de 1860, l'Etat se trouvait donc tenu de payer sinon la totalité de l'arriéré des traitements, du moins une partie de cet arriéré pour laquelle il ne pouvait opposer aux réclamants ni prescription de cinq ans ni déchéance résultant du retard apporté à la réclamation.

Le ministre du Commerce ne se tint pas pour battu, quelque formelle que fût la solution du Conseil d'Etat. Pour combattre celle-ci, il reproduisit la théorie admise par le Tribunal de la Seine. Selon lui le rôle de l'Etat se bornait à centraliser les taxes dûes par les établissements et à en effectuer la répartition entre les médecins selon la classe à laquelle ils appartiennent. Les fonds généraux du Trésor ne pouvaient dans aucun cas contribuer aux frais d'inspection. La prétention du ministre du Commerce n'était point fondée : si le Trésor ne prenait pas des mesures nécessaires pour faire rentrer les taxes dont il s'était réservé le recouvrement, cette circonstance ne pouvait ni priver l'inspecteur de son droit au traitement que lui garantit l'Administration en le nommant, ni exposer les propriétaires à des débours autres que la taxe fixée.

Pour mettre un terme à ces difficultés, l'article 18 de la loi de 1856 a été modifié par une loi des 12-13 février 1883 (1), que nous avons déjà mentionnée, mais dont il convient de rappeler le texte : Article 1 : « L'emploi de « médecins-inspecteurs des établissements d'eaux miné- « rales naturelles ne donne droit à aucune rétribution,

1. V. pour la discussion de la loi à la Chambre des Députés, l'*Officiel* du 27 juin 1882, et au Sénat, les nᵒˢ des 23 et 31 janvier 1883.

« soit de la part de l'Etat, soit de la part des propriétai-
« res de ces établissements. » Article 2 : « Sont abrogées
« toutes les dispositions législatives contraires à la présente
« loi et notamment l'article 18, titre III, de la loi du 14
« juillet 1856, et les articles 22 à 33 inclusivement du
« décret du 28 janvier 1860, rendu pour l'exécution de
« la dite loi. » Ainsi que l'a fait remarquer M. Parent,
rapporteur au Sénat de la loi, si l'abrogation de l'article 18 appartenait au Parlement, l'abrogation des dispositions du décret impérial de 1860 semblait rentrer dans
les attributions du pouvoir exécutif de qui il émane (1).
Mais la Commission n'a pas fait la distinction et a passé
outre pour ne pas retarder l'adoption du projet. Cette loi
intéressait, en effet, à un degré important, les finances de
l'Etat, et à ce titre il y avait urgence.

La loi s'en tint à ce point particulier, et cependant la
commission de la Chambre des Députés et celle du Sénat
auraient désiré qu'au lieu de se renfermer dans les dispositions spéciales du projet, le Gouvernement eut saisi le
Parlement d'un projet complet de réorganisation du service des eaux minérales, surtout en ce qui touche l'inspectorat ; sa transformation et même sa suppression totale
était vivement réclamée par une partie du corps médical.
La loi de 1883 n'a point réalisé le vœu émis par les Com-
missions ; mais n'a-t-elle pas du moins donné satisfaction
à ceux qui demandaient la suppression des médecins-
inspecteurs ? On peut dire que si quelques-uns ont encore
conservé leurs fonctions, ils sont au trois-quarts suppri-
més : l'arrêté ministériel du 22 juin 1889, en suppri-

1. *Journal Officiel* du 10 janvier 1883, annexe, n. 209, p. 49.

mant les postes des inspecteurs de Cauterets, des Eaux Bonnes et de la plupart des stations balnéaires, n'a été que la suite de la loi des 12 et 13 février 1883. Nous aurons à examiner si l'Etat doit se désintéresser complètement des établissements thermaux et renoncer à toute surveillance sur eux. Disons seulement pour le moment que cette surveillance n'est pas absolument détruite, car l'Administration envoie dans les départements des agents pour contrôler les établissements, mais ces agents ne forment pas un corps bien déterminé. Nous aurons à voir comment on pourrait établir un service d'inspection sérieusement organisé et quelque peu efficace.

CHAPITRE III

DES INDEMNITÉS.

L'examen précédent des diverses mesures destinées à protéger les sources minérales ou thermales suffit à mon-

trer avec quel soin le législateur a garanti ces sources
tant contre leur propriétaire que contre les tiers. Mais,
ainsi qu'il en va quand une restriction quelconque est
apportée à l'exercice d'un droit, si cette restriction pro-
fite aux uns, elle nuit aux autres. La loi a ici protégé le
propriétaire de la source, mais elle lèse l'intérêt des propriétaires voisins; elle ne peut en effet satisfaire chacun
et malgré tout il y a un intérêt froissé. Dans quelle
mesure la loi a-t-elle essayé de remédier à cet inconvénient à peu près inévitable ? C'est ce que nous devons
maintenant rechercher.

La partie lésée peut faire valoir deux sortes de pré-
tentions : elle peut prétendre que l'autorité a commis une
faute en rendant la décision qui la blesse dans ses intérêts et réclamer de ce chef une indemnité ; elle peut, en
dehors de toute faute, demander des dommages et intérêts, en soutenant que la décision légalement rendue lui
cause un préjudice sérieux. Nous devons étudier successivement les deux hypothèses (1).

SECTION I

*La partie lésée prétend que l'autorité administrative a com-
mis une faute en rendant sa décision et de ce chef réclame une indemnité.*

Il faut pour examiner cette première hypothèse se placer par exemple en face d'un décret du chef de l'Etat déclarant une source thermale d'intérêt public ou fixant un

1. M. Chavegrin, à son cours. *Régime des eaux.* Paris, 1891-92.

périmètre de protection, d'un arrêté du ministre de l'Intérieur autorisant dans ce périmètre des travaux de captage
et d'aménagement nécessaires pour la conservation de la
source sur le terrain d'autrui, ou encore il faut envisager
les divers cas où le préfet est amené à rendre un arrêté
pour autoriser, suspendre ou interdire certains travaux.

Qui peut, dans ces circonstances multiples, se plaindre?
La décision administrative peut nuire aussi bien au propriétaire de la source qu'au propriétaire voisin ; car elle
peut procurer ou refuser des mesures pour ou contre
l'intérêt de tous les deux. L'un et l'autre pourront réclamer une indemnité.

Mais à qui devront-ils s'adresser? Leur demande est
dirigée contre l'auteur même de l'acte qui les blesse dans
leurs intérêts, ou contre l'être moral, c'est-à-dire l'Etat,
dont il relève : ce seront donc le Président de la République, le Ministre, le Préfet ou l'Etat lui-même, qui seront
poursuivis. Mais peuvent-ils l'être? Tous ces agents sont-
ils pécuniairement responsables de leurs actes? La question ainsi posée ne peut se résoudre que si l'on examine
auparavant une question plus générale, celle de la responsabilité administrative ; de la solution de l'une dépendra
celle de l'autre.

Avant donc de résoudre la question d'indemnité, il
faut brièvement rappeler les principes admis en droit
administratif sur cette question préjudicielle : un particulier peut-il poursuivre personnellement l'auteur de l'acte
incriminé ou doit-il s'adresser directement à l'Etat, personne morale ?

Et d'abord peut-il s'adresser au Président de la Répu-

blique? Non ! Le Président de la République est irrespon-
sable des actes qu'il accomplit ; aucune indemnité ne
peut être due par lui de ce chef. Ses actes sont en effet
contresignés par un ministre, et cela justement pour
soustraire le Président à cette responsabilité.

Il semble dès lors que le ministre contresignant le
décret du chef de l'Etat soit responsable d'abord pour
ce dernier et à plus forte raison pour lui-même quand il
a signé un arrêté qui rentre dans ses attributions. La
logique semble dicter cette solution, et cependant il est
généralement reconnu qu'il n'en est rien. Admettre la
responsabilité ministérielle dans l'un ou l'autre cas, ce
serait permettre aux tribunaux de connaître d'actes
administratifs froissant un intérêt particulier quelconque,
ce serait par suite autoriser l'immixtion de la justice dans
l'administration elle-même, c'est-à-dire la violation du
principe de la séparation des autorités administrative et
judiciaire. Si on ne peut agir en dommages et intérêts
contre un ministre, est-ce à dire qu'il ne pourra jamais
être poursuivi ? Ce sera du moins assez rare. Pour les
faits commis dans l'exercice de leurs fonctions, il y a bien
des mesures répressives, mais il n'y a pas d'action civile
possible. C'est qu'en effet la Constitution de 1875 est
muette sur la responsabilité civile des ministres ; il faut
en conclure qu'elle a entendu conserver le *statu quo
ante;* or, avant 1875, jamais un ministre ne pouvait être
poursuivi civilement sans une mise en accusation préalable par la Chambre des Députés ; dans le silence de la
Constitution, il faut donc décider qu'un ministre ne peut
aujourd'hui être poursuivi civilement qu'après une mise

en accusation par la Chambre, mais la sanction sera, on le comprend, d'application peu fréquente.

Quant au préfet, il peut être poursuivi personnellement mais seulement avec quelques restrictions, et cela devant la juridiction civile. La juridiction administrative ne saurait être compétente ; car c'est l'homme plutôt que l'administrateur que l'on poursuit quand on attaque un préfet en dommages et intérêts, et de plus le demandeur devant les tribunaux administratifs pourrait craindre une certaine partialité en faveur d'un des représentants de l'Administration. Si tel est le principe, il est modéré, avons-nous dit, par certaines restrictions. Les préfets ne peuvent en effet être poursuivis qu'à deux conditions : il faut d'abord que la demande formée se présente sous un jour tel que la justice puisse en connaître sans se mêler d'actes d'administration, autrement le principe de la séparation des autorités administrative et judiciaire serait violé, et l'on sait que si le décret-loi du 19 septembre 1870 a aboli l'article 75 de la Constitution de l'An VIII, il n'a pas voulu aller contre la séparation des pouvoirs. Il faut en second lieu que le fonctionnaire, ici le préfet, se soit rendu coupable de voies de fait, pour ainsi dire, de faits personnels en un mot ; car alors la séparation des pouvoirs n'est pas violée. A ces deux conditions seulement la justice civile est compétente ; on sait que c'est là la jurisprudence du Tribunal des Conflits (1).

1. Tribunal des Conflits, 30 juillet 1873 (D. 1874, III, 5). aff. Pelletier C. général de Ladmirault. Rapport de M. David, commissaire du Gouvernement.

Si nous appliquons ces diverses solutions, à notre matière, on voit que les poursuites en indemnités dues à propos de sources minérales réussiront rarement quand
elles seront dirigées contre l'auteur personnel de l'acte
attaqué. Ne pouvant, en règle générale, s'en prendre ni
au chef de l'Etat, ni au ministre, ni au préfet, les propriétaires de sources ou les voisins de ces sources devront
alors s'adresser directement à l'Etat. Mais réussiront-ils
toujours ? Il faut distinguer ici selon le rôle joué par
l'Etat ; s'il fonctionne comme propriétaire de son domaine
privé, s'il exploite lui-même l'établissement thermal, les
mesures prises par ses agents ne mettent pas en jeu le principe de la séparation des autorités administrative et judiciaire ; une action est donnée contre lui comme elle serait
donnée contre un particulier ordinaire. Si au contraire l'Etat
fonctionne comme Etat proprement dit, comme puissance
publique, la séparation des autorités est en jeu, et dès
lors il n'y a aucune action possible contre lui. La distinction est nette.

Si maintenant on applique ces règles à la matière des
sources et spécialement aux sources minérales, on voit
que l'Etat pourra être poursuivi en tant que propriétaire
privé de la source ; mais, toutes les fois où, agissant
comme puissance publique, il aura pris des mesures d'intérêt général, il sera hors de cause.

En résumé, pas d'action en indemnité contre les agents
de l'Etat, sauf action personnelle contre le ....at, et à
deux conditions encore : pas davantage d'action contre
l'Etat lui-même sauf un cas cependant, quand il agit comme propriétaire de son domaine privé. Mais nous aurons

à voir au chapitre suivant si un recours peut être ouvert contre l'acte lui-même au profit de la partie lésée.

SECTION II

La partie lésée réclame une indemnité, en dehors de toute idée de faute.

De la législation que nous avons commentée dans le Chapitre II peut résulter un double dommage, dommage venant de la fixation d'un périmètre de protection, dommage venant de travaux accomplis par le propriétaire de la source sur le fonds d'autrui. Double dommage, double solution : dans un cas, pas d'indemnité ; dans l'autre, indemnité possible.

I. — Et d'abord qui peut réclamer une indemnité ? Quand c'est l'acte de l'Administration que l'on attaque, le propriétaire comme le voisin peut se plaindre, car l'acte peut causer un préjudice à l'un comme à l'autre ; mais quand, sans attaquer la décision administrative, la partie prétend que la mesure, quoique légalement prise, l'atteint dans ses intérêts de propriétaire, la décision ne peut léser celui en faveur de qui elle a été rendue ; donc ici l'intérêt seul du propriétaire voisin de la source est en jeu ; celui-ci uniquement peut demander une indemnité.

II. — Quand peut-il faire valoir ses droits à une indemnité ? autrement dit, quels dommages peuvent donner lieu à une indemnité ?

En théorie pure, tout acte dommageable au voisin devrait donner place à une action en indemnité, et en conséquence le décret qui déclare d'intérêt public la source ou celui qui fixe un périmètre de protection devrait donner lieu à une indemnité, comme les suspensions ou les interdictions de travaux, comme les autorisations de travaux sur le terrain d'autrui. Il ne faut pas raisonner de la sorte.

Il est difficile d'abord de considérer comme dommageable le décret qui sans fixer un périmètre déclare d'intérêt public une source minéro-thermale. De cette seule déclaration, il ne résulte aucun préjudice pour les propriétaires voisins de la source ; et ils ne peuvent se plaindre.

On pourrait au contraire regarder comme plus dommageable le décret qui fixe un périmètre, et cependant la loi refuse dans ce cas encore toute indemnité aux voisins dont les fonds se trouvent ainsi grevés de la servitude *non fodiendi*. Si cette entrave à l'exercice absolu du droit de propriété existe des raisons nombreuses militent en faveur de la solution adoptée.

Constatons d'abord que la loi de 1856 proscrit par son silence toute indemnité ; il est vrai qu'on s'est appuyé justement sur ce silence pour soutenir le contraire ; mais il résulte des travaux préparatoires de la loi, comme nous l'avons vu, que le législateur de 1856 a tenu à adopter une solution différente de celle proposée en 1837 et en 1846, et que la loi de 1856 n'a fait sur ce point spécial que reproduire le décret de 1848, qui lui aussi est muet sur la question d'indemnité. Il suffit au surplus pour se convaincre de cette solution de rappeler la tentative faite en 1856, mais en vain, pour créer un

droit à une indemnité. Un membre du Parlement, M. David, présenta un amendement à l'article 2 du projet, celui qui précisément permet de fixer un périmètre. Cet amendement tendait à assimiler les sources d'eaux minérales aux mines et aux carrières de sel. La source y était considérée comme une propriété distincte de la surface du sol et sur laquelle les propriétaires de terrains compris dans le périmètre de protection ne pouvaient rien prétendre; mais l'amendement avait pour but de donner en leur faveur ouverture à un droit à une redevance. C'était un moyen indirect de leur fournir une indemnité. La proposition ne fut pas adoptée. On considéra qu'il était fort difficile de se rendre un compte absolument exact du gisement et de la puissance des sources, de leur étendue et de leur valeur, de leur parcours, du mouvement des nappes, des veines ou filons liquides. De plus l'assimilation proposée n'était pas d'une rigoureuse exactitude au point de vue géologique: « Pour faire l'as-
« similation des sources d'eaux minérales aux mines », a dit le rapporteur, « et en déduire une redevance de
« dépossession au profit des propriétaires des terrains
« compris dans le périmètre de protection, il faudrait
« faire, si l'on peut ainsi dire, une concession du tréfonds
« des eaux minérales comme cela a lieu pour le tréfonds
« des mines de houille. Or, sur quelles données s'établi-
« rait cette concession? Sur des données à peu près nul-
« les. Pourrait-on calculer même approximativement la
« puissance des sources minérales afférentes ou non à la
« source primitive, qui pourraient être découvertes dans
« le terrain du périmètre? — Pourrait-on en supputer la

« valeur? Enfin pourrait-on en prévoir la dépréciation
« qui pourrait résulter, soit pour les **sources** anciennes,
« soit pour les sources nouve'lement découvertes, de
« sondages qui viendraient à être exécutés en dehors du
« périmètre? On le voit donc, il ne semble pas y avoir
« d'indemnités ou de redevances possible pour une
« dépossession d'une valeur impossible à calculer, et,
« qui, par conséquent, ne saurait être suivie d'aucun acte
« de concession. (1) »

Ce ne sont pas là les seules raisons qui ont fait rejeter toute idée d'indemnité. La loi avant tout a voulu protéger le propriétaire de la source, et elle eut été directement contre son but si elle eût autorisé le droit de demander une réparation qui aurait été à sa charge; chacun des propriétaires situés dans le périmètre aurait pu agir et il y aurait eu autant de demandes que d'immeubles séparés, si bien que cette multiplicité de procès aurait entravé considérablement le propriétaire de la source.

Comment d'ailleurs le juge aurait-il pu apprécier le dommage résultant de la fixation du périmètre? Ce dommage ne repose sur aucune donnée, car il est essentiellement variable. Le terrain grevé de la servitude *non fodiendi* perd une partie de sa valeur vénale, mais quelle partie? Cela dépend de l'importance des travaux qui nuiront plus ou moins aux veines liquides. Le juge ne peut statuer qu'en aveugle. Ce système, d'autre part, appliqué non plus à un terrain à bâtir, mais à des prés, à des

1. Dalloz. 1856, IV, 85, note, n. 31.

champs, à des bois, serait encore plus dangereux et plus aléatoire, si c'était possible ; on ne peut connaître l'intention du propriétaire du terrain, et il peut ne pas dire la vérité, prétendre qu'il voulait faire des travaux considérables, alors qu'il n'y songeait pas. Les mêmes erreurs se produiraient si le propriétaire voulait exploiter la source qui se trouve dans son sous-sol ; comment être certain qu'il y a vraiment une source, et s'il y aurait un profit à en tirer ? En somme, il serait dans tous ces cas bien difficile au juge de fixer l'indemnité.

Le législateur a en outre considéré que la dépréciation qu'entraîne pour le fonds la servitude *non fodiendi* était compensée, partiellement au moins, par les avantages résultant de la proximité d'un établissement thermal ; il a pensé que cette proximité donnerait une plus-value au terrain voisin de la source, et qu'accorder une indemnité dans ces circonstances serait en donner une double.

La loi s'en est donc tenue, à juste titre, au principe qui gouverne les servitudes légales d'utilité publique. L'interdiction de pratiquer des sondages ou autres travaux souterrains sans autorisation dans le périmètre de protection n'a-t-elle pas en effet le caractère de servitude d'utilité publique ? Ne l'appelle-t-on pas souvent *servitude non fodiendi* ? ou encore *servitude de protection* ? Or, il est un principe admis en droit administratif, c'est que l'établissement d'une servitude de ce genre ne donne lieu à aucune indemnité, ni contre l'Etat, ni contre les particuliers, à moins d'une disposition légale formelle, disposition qui en l'espèce ne se trouve ni dans le décret de

1848 ni dans la loi de 1856. La loi de 1856 n'a fait qu'a-
jouter une servitude de plus à la liste des servitudes
légales d'utilité publique qui existaient déjà et dont la
validité est reconnue par l'article 649 du Code civil. C'est
ainsi que l'on trouve dans notre droit les servitudes des
zônes frontières, les servitudes militaires consistant en un
périmètre dans l'enceinte duquel il est défendu d'établir
des constructions, celles qui frappent les propriétés voisines des rivières navigables ou flottables ou des chemins-
de-fer, les alignements entraînant défense de bâtir et
même de réparer certains édifices sans l'autorisation
administrative, et d'autres encore. Ce sont là autant de
servitudes du même genre que la nôtre et reposant sur
les mêmes considérations d'ordre général, qui ne donnent lieu à aucune indemnité (1).

A ces motifs d'ordres différents s'en joint un dernier
basé sur le caractère accessoire de notre servitude. Il a
été exposé en ces termes par M. Desmaroux de Gaulmin
en 1856 à la Chambre des Députés : « S'il n'est pas
« accordé d'indemnité au propriétaire dont le terrain est
« situé dans le périmètre de protection, c'est qu'il n'est
« pas fait de concession d'eau dans ce périmètre. On se
« borne à établir la source privilégiée, puis on interdit
« les sondages qui pourraient nuire à cette source. C'est
« une simple servitude qui est imposée aux propriétaires
« voisins; elle n'ôte pas le droit de propriété du sous-
« sol minéral, elle ne fait que limiter l'exercice de ce
« droit en interdisant le droit de sondage sans l'autori-

1. Ducrocq. *Cours de droit administratif*, 6e édit., t. II, n° 866.

« sation de l'Administration. Il y a une grande différence
« entre supprimer un droit et en restreindre l'exercice.
« Ici le droit du propriétaire subsiste quant aux sonda-
« ges ; seulement il ne peut en être fait usage sans l'au-
« torisation de l'Administration (1). »

Accorder une indemnité, au cas d'application de l'article 2 de la loi du 14 juillet 1856, serait donc aller à l'encontre des travaux préparatoires de la loi, de la loi elle-
même, des principes universellement reconnus en droit
administratif ; ajoutons que ce serait contraire à la jurisprudence. Celle-ci s'est en effet prononcée pour le refus
d'indemnité dans un grand nombre de cas. Parmi les
arrêts qui ont été rendus sur la question, il convient de
signaler plus spécialement l'un d'eux qui émane de la
Cour de Montpellier en date du 9 janvier 1877 (2). Il part
de ce principe qu'aucune indemnité n'est dûe au propriétaire dont l'immeuble se trouve dans le périmètre de
protection assigné par décret à une source d'eau minérale
d'intérêt public à raison des servitudes résultant de la
création de ce périmètre, et en fait une application spéciale à une société houillière à laquelle la propriété de la
mine a été cédée, sous réserve pour le cédant de tous ses
droits sur les sources d'eaux minérales se trouvant à la
surface du sol ; il déclare que la société ne subit aucune
éviction et ne peut réclamer de dommages et intérêts,
lorsque le cédant sollicite et obtient un décret déclarant

1. *Moniteur Universel*, 21 mai 1856 ; — v. aussi Nadault de Buffon,
déjà cité, p. 439.

2. Montpellier. Aff. Vve de Seraincourt. c. Compagnie du chemin de fer d'Orléans, 9 janvier 1877 (D. 1878, II, 222).

les sources d'intérêt public et leur assignant un périmètre
de protection ; que même elle n'a droit à aucune indemnité, alors que la cession a été faite à une époque antérieure aux lois qui ont permis la création de servitudes
destinées à protéger les eaux minérales. La Cour de
Cassation a admis comme la Cour de Montpellier dans
la même affaire qu'il n'y avait lieu à aucune indemnité ;
elle s'appuie sur les mêmes motifs et a fait de plus remarquer que la règle à savoir que le vendeur est tenu de
l'éviction provenant de son fait personnel ne peut s'appliquer en pareil cas, l'éviction qui résulte du périmètre
étant l'œuvre de l'Administration et non celle du propriétaire (art. 1626, 1627, 1628, C. c.) (1).

Ainsi la fixation d'un périmètre, pas plus que la déclaration d'intérêt public, ne peut donner lieu à une indemnité. Ces deux cas écartés, en est-il de même en raison
des mesures prises en vertu de l'article 50 de la loi du
27 juillet 1880 ? Le concessionnaire d'une mine peut-il
réclamer une indemnité pour le dommage qui résulte
pour lui de l'application de cet article 50 ? En règle générale le concessionnaire ne peut, lorsque le préfet ordonne
des mesures conservatoires dans un but d'intérêt général et en vertu du pouvoir que lui confère la loi de 1880,
élever aucune réclamation ; il doit exécuter les ordres de
l'Administration sans avoir à demander à celle-ci une
indemnité, quel que soit le préjudice qu'il éprouve. C'est
là encore une véritable servitude légale pesant sur les
mines et analogue à celles du droit commun imposées

1. Cass. 30 janvier 1878 (D. 1879, I, 75).

par le Code civil. Ainsi l'a décidé le Conseil d'Etat sous l'empire de l'ancien article 50 de la loi du 21 avril 1810 et sa solution doit rester encore exacte, car la loi de 1880 n'a rien innové sur ce point (1). Si tel est le principe, il faut y apporter une restriction. Il se peut que les mesures prises par le préfet profitent à des particuliers (au propriétaire de la source dans l'espèce); dans ce cas le concessionnaire de la mine a droit à une indemnité de la part de ceux-ci, car ils ne peuvent tirer un avantage quelconque de mesures qui causent un dommage à autrui sans le réparer. Mais encore faut-il que la concession de la mine soit antérieure à l'exploitation de la source, car si la concession est postérieure, le concessionnaire est prévenu qu'il ne peut, par les travaux entrepris dans son tréfonds, nuire à la source déjà existante; c'est ce qui résulte de l'article 24 du cahier des charges des Grandes Compagnies de chemins de fer, qui, supposant que la concession de la mine a été antérieure à celle du chemin de fer, donne ouverture au droit d'indemnité; l'analogie est certaine.

Si nous écartons cette dernière exception, le principe à savoir qu'aucune indemnité n'est due reste vrai. Mais cependant les dispositions de la loi de 1856 ne donnent-elles jamais lieu à une indemnité? Il ne faut pas pousser les choses à l'extrême; la loi elle-même ne l'a pas voulu. Au contraire, d'une façon générale, on peut dire qu'une indemnité est dùe, dès que la servitude créée par la loi

1. Cons. d'Etat, 15 juin 1861 (D. 1861, III, 82); v. aussi Féraud-Giraud : *Code des Mines et Mineurs* (Paris, 1887). Tome II, n. 812.

de 1856 provoque des actes de l'Administration qui causent à certains propriétaires un dommage *bien déterminé et appréciable*. « La loi », a dit le rapporteur de la Commission, « est en quelque sorte purement défensive et « conservatrice des sources déclarées d'intérêt public. « Aussi, dans tous les cas où, pour cette conservation et « cette défense, elle autorise à toucher en réalité à la « propriété particulière, elle devait lui accorder toutes les « indemnités auxquelles alors elle a droit. » En un mot, le *criterium* du droit à l'indemnité est celui-ci : toutes les fois que la servitude établie sur le fonds voisin restera à l'état latent, il n'y aura pas lieu à indemnité ; dès qu'elle sortira de cet état, il y aura place à une indemnité.

Quels sont alors les actes qui donnent lieu à indemnité ? Ils sont énumérés par l'article 10, § 1, de la loi du 14 juillet 1856, ainsi conçu : « Les dommages dûs par suite « de suspension, interdiction ou destruction de travaux « dans les cas prévus aux articles 4, 5 et 6, ainsi que « ceux dûs à raison de travaux exécutés en vertu des « articles 7 et 9, sont à la charge du propriétaire de la « source. » Ce sont donc : 1° Les suspensions provisoires de travaux ; 2° les interdictions de travaux ; 3° les destructions de travaux ; 4° les occupations des terrains d'autrui ; 5° les exécutions de travaux prévus par l'article 7 pour le captage et l'aménagement des eaux dans l'intérieur du périmètre. Notons plus spécialement dans cette énumération le n° 4 qui vise la deuxième servitude créée par la loi de 1856, et, qui, à la différence de la servitude *non fodiendi*, peut donner lieu à une indemnité.

Tels sont les seuls travaux prévus par la loi qui puissent servir de base à une demande en indemnité : l'article 10 est limitatif et on ne saurait l'étendre. En conséquence, si un propriétaire dont le fonds est situé dans le périmètre se voit refuser l'autorisation qu'il a sollicitée d'entreprendre des travaux dans ce périmètre, il ne peut réclamer de ce chef aucune indemnité : en un mot, le refus d'autorisation de faire des travaux ne donne pas naissance à une indemnité. Pourquoi? Il semble pourtant que logiquement il devrait en être accordé une, car la servitude est sortie de son état latent. Il est vrai, mais d'abord on retrouve ici le même obstacle qu'au cas de fixation de périmètre, la difficulté d'évaluer le chiffre exact du dommage, car on ignore quel aurait été le résultat des travaux. De plus, on aurait à craindre que les voisins ne demandassent tous l'autorisation d'exécuter des travaux dans l'espérance secrète de ne pas l'obtenir.

Néanmoins la décision est rigoureuse. On aurait peut-être pu s'en rapporter aux tribunaux, qui auraient écarté les demandes suspectes, celles faites de mauvaise foi. Ils auraient eu bien des moyens de vérifier si le propriétaire était de bonne ou mauvaise foi : le propriétaire, qui est de bonne foi, ne demande guère l'autorisation au Ministre qu'après avoir fait des études et des recherches sérieuses sur les travaux à entreprendre. Dès que les tribunaux auraient eu la preuve certaine qu'aucune tentative de ce genre n'aurait été faite de la part de l'impétrant, ils l'auraient éconduit; et d'ailleurs n'y a-t-il pas le rapport de l'ingénieur des mines donnant son avis sur l'autorisation des travaux ou son refus? La loi aurait pu en décider ainsi; elle ne l'a pas fait, et on doit l'appliquer.

L'article 10, § 1, comporte une dernière observation importante : les règles qu'il édicte ne dérogent pas au principe de la non-indemnisation pour les servitudes d'utilité publique. Si elles attribuent une indemnité au propriétaire du fonds asservi, c'est non pour la création de la servitude, mais seulement pour les dommages matériels résultant de l'exercice de cette servitude ; aucune allocation, il est bon de le répéter, ne pourrait être accordée, même à titre accessoire, en raison de la restriction apportée au droit de propriété.

III. — Le nombre des dommages qui donnent lieu à une indemnité étant ainsi limitativement déterminé, qui doit supporter cette indemnité ? Le législateur de 1856 avait à choisir entre deux débiteurs : l'Etat ou le propriétaire de la source. Des raisons sérieuses militaient dans les deux sens. Pour mettre l'indemnité à la charge de l'Etat, on pouvait faire remarquer que, si dans quelques régions les établissements thermaux font de gros bénéfices, en revanche un grand nombre ne rapportent presque rien ; que dès lors mettre à leur charge le paiement des indemnités, c'était augmenter leurs frais généraux, les empêcher de faire des travaux nécessaires à leur prospérité, d'entreprendre des recherches destinées à découvrir de nouvelles sources qui pourraient avoir des vertus nouvelles et attirer par suite un plus grand nombre de visiteurs. N'était-ce point là le plus sûr moyen de mener à la ruine les établissements déjà existants, et empêcher de nouveaux établissements de se créer ? C'était aller contre l'esprit de la loi elle-même qui dans son ensemble et dans sa préoccupation de la santé publique, veut le plus possible protéger et encourager le développement des établissements thermaux. Malgré ces raisons, le législateur a mis l'indemnité à la charge du propriétaire de la source (art. 10, §§ 1 et 2). Financièrement parlant, cette solution est la meilleure ; il est évident qu'elle ménage avec scrupule les deniers de l'Etat. Théoriquement, 'elle est dictée par les principes généraux du droit, à savoir que celui qui cause un dommage à autrui ou à son bien est tenu de le réparer ; car dans notre hypothèse, il est certain que le dommage causé au propriétaire voisin provient du fait du propriétaire de la source et non du fait de la puissance publique. Pratiquement enfin, c'est le propriétaire de la source qui en définitive profitera de la plus-value créée par les travaux d'où résulte le dommage. Les craintes d'ailleurs que l'on pouvait avoir sur la prospérité des établissements thermaux ont été loin de se réaliser ; depuis 1856, il est un fait avéré : les établissements de cette nature, au lieu de diminuer, n'ont fait qu'augmenter dans une large mesure ; le résultat est là.

Lorsque le dommage est causé à la source, et non plus aux propriétés voisines, et ce par des travaux légalement entrepris après une autorisation, qui doit le réparer ? La commission du Corps législatif avait eu en 1856 la pensée d'ajouter à l'article 10 un paragraphe qui aurait fait supporter le dommage au propriétaire de la source ; on l'aurait obligé à le réparer. Le Conseil d'Etat n'a pas admis cette addition et, dans son rapport au Corps législatif, M. Lélut a dit que dans l'intérêt des sources, c'est-à-dire dans l'intérêt de la santé publique, il fallait que ces dommages fussent réparés et qu'ils le fussent promptement. Ils ne pouvaient pas l'être par les propriétaires des terrains qui n'en sont pas responsables, puisque leurs travaux n'ont été entrepris par eux qu'après autorisation ou déclaration préalable et sur des appréciations qui ne sont pas de leur fait. Le Conseil d'Etat en rejetant ce paragraphe additionnel l'a jugé inutile, les dispositions du droit commun suffisant; celui-ci en effet ne permettrait pas au propriétaire de la source de poursuivre contre le propriétaire du terrain la réparation des dommages de cette nature ; l'article 10 s'applique à ce cas comme au cas précédent.

IV. — Par qui l'indemnité est-elle réglée ? L'article 10, § 1, répond : « L'indemnité est réglée à l'amiable ou par « les tribunaux. » C'est là la règle générale, s'appliquant aux travaux prévus par ce même article 10.

Il existe toutefois une exception remarquable dans le cas spécial de l'article 9, § 2 : « Lorsque l'occupation « d'un terrain compris dans le périmètre prive le pro- « priétaire de la jouissance du revenu au-delà du temps « d'une année ou lorsqu'après les travaux le terrain n'est « plus propre à l'usage auquel il était employé, le pro- « priétaire du dit terrain peut exiger du propriétaire de « la source l'acquisition du terrain occupé ou dénaturé », et l'article ajoute : « Dans ce cas l'indemnité est réglée « suivant les formes prescrites par la loi du 3 mai 1841, » c'est-à-dire par le grand jury (art. 29 à 47. L. 1841). L'article 9 se termine enfin par ces mots : « Dans aucun « cas l'expropriation ne peut être provoquée par le pro- « priétaire de la source. » Il faut remarquer en effet qu'il s'agit ici d'une expropriation d'un genre particulier. Contrairement au cas ordinaire, c'est ici l'intérêt privé, représenté par le propriétaire du terrain, qui demande l'expropriation contre l'intérêt public, représenté par le propriétaire de la source. « La loi de 1856 a *retourné*, » comme l'a fait remarquer heureusement M. Desmaroux de Gaulmin, « le droit d'invoquer la loi de 1841, qu'elle « retire au détenteur de la source pour le conférer aux « propriétaires d'héritages situés dans le périmètre de « protection, lesquels peuvent exiger leur propre expro- « priation. » Ce cas tout spécial d'expropriation, et qui mérite à peine ce nom, déroge donc encore au droit commun en cette matière par ce fait que c'est l'exproprié et non l'expropriant qui se porte demandeur à l'expropriation. Ajoutons que l'article 9, § 2, s'applique aussi bien à l'Etat et aux Communes qu'aux particuliers.

L'Etat ne peut donc exproprier pour cause d'utilité publique les terrains avoisinant les sources qui lui appartiennent.

V. — Reste sur ce sujet une dernière question. Sur quelle base est réglée l'indemnité ? L'article 10, § 2, décide à ce sujet : « Dans les cas prévus par les articles « 4, 5 et 6 l'indemnité dûe par le propriétaire de la « source ne peut excéder le montant des pertes maté- « rielles qu'a éprouvées le propriétaire du terrain et le « prix des travaux devenus inutiles, augmenté de la « somme nécessaire pour le rétablissement des lieux « dans leur état primitif. » Qu'on le remarque, la loi ne tient pas compte de l'intérêt qu'aurait pu retirer le propriétaire de son fonds, si les travaux n'avaient pas été entrepris ; en un mot, l'indemnité est stricte ; elle ne porte que sur le *damnum emergens*, et non sur le *lucrum cessans*.

Si telle est la base ordinaire sur laquelle se calculera le montant de l'indemnité, il est bien entendu que, dans le cas du § 2 de l'article 9, c'est-à-dire au cas d'expropriation demandé par le propriétaire avoisinant la source, l'indemnité sera établie sur la valeur du terrain exproprié telle qu'elle sera fixée par le jury.

Terminons sur ce point en remarquant que l'article 10 est complété par l'article 11, d'après lequel les décisions concernant l'exécution ou la destruction des travaux sur le terrain d'autrui ne peuvent être exécutés qu'après le dépôt d'un cautionnement fixé par le tribunal et servant de garantie au paiement de l'indemnité. L'Etat est dispensé de ce cautionnement pour les sources dont il est propriétaire.

CHAPITRE IV

VOIES DE RECOURS ET COMPÉTENCE.

Sommaire : **Section I. — Voies de recours contre les décisions de l'Administration prises par application de la loi de 1856. —** Recours par la voie gracieuse. Cas ordinaires où il est ouvert contre les mesures prises par le Président de la République, le Ministre, le Préfet. Recours par la voie contentieuse. Cas exceptionnels où il est ouvert devant le Conseil de Préfecture. Recours pour excès de pouvoir au Conseil d'État : divers cas où il est admis. — **Section II. — Compétence relative aux contestations entre propriétaires de sources thermales et propriétaires voisins.** — Compétence des tribunaux civils. Quelle juridiction est compétente pour les difficultés résultant de travaux de captage et d'aménagement exécutés pour le compte d'établissements thermaux appartenant à un établissement public ? Question préjudicielle de savoir si ce sont des travaux publics. Arguments en faveur, d'une part de la compétence judiciaire, d'autre part de la compétence administrative. Solution de la doctrine. Jurisprudence discordante du Conseil d'État et du Tribunal des Conflits. Solution qui s'impose — **Section III. — Compétence relative aux contestations qui s'élèvent entre l'État, les Départements, les Communes ou les particuliers sur la propriété des sources minérales.** — Compétence ancienne. Abrogation de l'article 9 de l'arrêté du 6 nivôse an XI. Compétence actuelle. — **Section IV. — Compétence relative aux infractions à la loi de 1856.** — Des dispositions pénales de cette loi. Compétence des tribunaux correctionnels et administratifs. Leur rôle respectif.

En règle générale, les contestations relatives à l'usage et à la disposition des eaux souterraines ou aux dommages qui en résultent sont de la compétence des tribunaux civils ; il en est de même pour les préjudices causés à la propriété privée et résultant de l'interception des eaux du sous-sol par les travaux de recherche ou d'exploitation des mines. La règle générale de la compétence des tribunaux civils s'applique-t-elle également aux difficultés qui s'élèvent au sujet des eaux minérales ou thermales? C'est ce que nous avons à rechercher à quatre points de vue différents.

SECTION I

Voies de recours contre les décisions de l'administration prises par application de la loi de 1856.

Nous avons vu au cours de nos explications que pour l'application de la loi du 14 juillet 1856, le partage des attributions se fait entre le Président de la République, le Ministre de l'Intérieur et le Préfet du département où est située la source thermale. En rendant des décrets ou des arrêtés, l'Administration ne peut ménager tous les intéressés; il y a forcément un intérêt froissé. Au chapitre précédent, nous avons étudié la question de savoir si la partie lésée peut agir en dommages et intérêts contre l'auteur de l'acte qui lui porte préjudice; il nous faut maintenant nous demander si la partie lésée peut attaquer l'acte lui-même (1).

1. M. Chavegrin, à son cours, déjà cité.

Et d'abord peut-elle agir, par voie gracieuse ? Oui. Le recours par la voie gracieuse est en général ouvert. L'Autorité n'est pas liée par la mesure qu'elle a prise et peut la modifier. Toutefois si le principe est tel, il n'est pas absolu, et quelques restrictions y sont apportées, comme nous aurons à le voir.

Le Président de la République peut être amené à rendre des décrets dans plusieurs circonstances : c'est par décret qu'il déclare une source d'intérêt public (article 1, L. 1856) ; qu'il fixe un périmètre de protection (art. 2), ou encore qu'il permet l'expropriation de la source et de l'établissement (art. 12). Dans tous ces cas, il peut revenir sur sa décision ; il peut retirer la déclaration d'intérêt public dans les mêmes formes que celles dans lesquelles il l'a donnée, c'est-à-dire par décret rendu en Conseil d'Etat ; il peut modifier le périmètre, l'article 2 l'y autorise ; il peut donc l'augmenter ou le diminuer, le supprimer même ; il peut enfin retirer le décret d'expropriation qu'il avait autorisé. La solution ne fait aucun doute.

Pour le Ministre, il autorise sur le terrain d'autrui les travaux de sondage, de captage et d'aménagement des eaux (art. 7). Quand il a refusé l'autorisation de faire les travaux demandés par le propriétaire de la source il peut revenir sur sa décision et les permettre : mais à l'inverse, une fois qu'il les a autorisés, il ne peut retirer son autorisation, car ce retrait porterait atteinte au bénéficiaire de l'acte ; dès qu'ils ont été permis, les travaux ne peuvent être interdits que s'il est constaté qu'ils nuisent à la source, et seulement encore par voie contentieuse devant le Conseil de Préfecture ou le Conseil d'Etat (art. 4) ; nous le verrons dans un instant.

Quant au préfet, il est souvent amené à rendre des arrêtés : arrêtés pour autoriser les travaux de sondage dans l'intérieur du périmètre (art. 3), arrêtés pour prohiber les mêmes travaux sur la demande du propriétaire de la source (art. 4); arrêtés pour ordonner la suspension provisoire des dits travaux, arrêtés pour permettre l'occupation d'un terrain compris dans le périmètre pour l'exécution des travaux de captage et d'aménagement, etc. Pour ce qui est des autorisations, toutes les fois où le préfet les aura refusées, il pourra, sur la demande gracieuse des intéressés, revenir sur sa décision et les permettre ; mais, si au contraire il a suspendu ou interdit des travaux, peut-il retirer son arrêté ? Nous ne le pensons pas. Le seul droit qu'ait le propriétaire foncier qui se plaint de l'arrêté est, au cas de suspension, de recommencer les travaux au bout de six mois, si une extension de périmètre n'a pas été obtenue (art. 5, § 2).

Telles sont les solutions dictées par les principes généraux sur la matière. Pour le recours contentieux, en existe-t-il un ? En principe, il n'est pas ouvert aux intéressés, car les divers arrêtés pris à propos des sources sont des mesures rendues en vertu de réglements généraux de police, et il en résulte que l'on ne peut saisir aucune juridiction administrative pour réviser au fond les mesures ainsi édictées. Toutefois l'article 4 de la loi prévoit un cas où il y a recours possible par la voie contentieuse au Conseil de Préfecture ou au Conseil d'État ;

c'est le cas où le préfet aurait indûment interdit des travaux à faire dans le périmètre de protection.

Si le recours contentieux est en général impossible, il peut en revanche y avoir recours pour excès de pouvoir et cela dans les cinq hypothèses suivantes : 1° quand l'autorité administrative a rendu sa décision en dehors des cas où la loi lui permet d'intervenir ; 2° quand elle n'a pas observé les formes d'après lesquelles la décision doit être rendue ; 3° quand elle a édicté des mesures autres que celles que la loi lui permet de prendre ; 4° enfin quand elle a pris la mesure en dehors de l'idée de la loi ce qui est le cas *de détournement de pouvoir*. Dans toutes ces circonstances le Conseil d'Etat sera appelé à statuer.

SECTION II

Compétence relative aux contestations entre propriétaires de sources thermales et propriétaires voisins.

On admet en général que ces contestations sont soumises au droit commun et par suite sont de la compétence des Tribunaux civils (1). Le plus souvent, en effet, la difficulté repose sur une question de propriété, et seuls ces tribunaux peuvent trancher les questions de cette nature. Ce sont eux par conséquent qui connaissent des demandes en indemnités pour suspension, interdiction, suppression de travaux dans les cas prévus par les articles 4, 5 et 6 de la loi ; ce sont eux qui connaissent encore des demandes en indemnités pour occupation de terrain et

1. Fliche, déjà cité, p. 35.

exécution de travaux par le propriétaire de la source sur les propriétés voisines.

La solution doit-elle être la même quand la source appartient non plus à un particulier, mais à une personne morale qui relève du droit administratif? autrement dit les travaux de captage ou d'aménagement exécutés pour le compte d'établissements thermaux appartenant à l'Etat, à un Département, à une Commune, à un hospice, etc., doivent-ils être déférés au Conseil de Préfecture pour les dommages qu'ils occasionnent, et en particulier pour la disparition ou la réduction des sources avoisinantes, ou au tribunal civil? La question est encore aujourd'hui fort discutée. La réponse est subordonnée à la solution d'une autre question qui est intimement liée avec elle et qu'il faut examiner auparavant. Les travaux exécutés pour le compte d'un établissement public en vertu de la loi de 1856 sont-ils ou ne sont-ils pas des *travaux publics?*

Le signe distinctif des travaux publics est leur but d'utilité publique et par suite la faculté d'acquérir par voie d'expropriation pour cause d'utilité publique les terrains nécessaires à leur exécution. Les partisans de la compétence judiciaire ont dès lors prétendu que les établissements thermaux n'avaient pas cette faculté, et pour le soutenir ils se sont appuyés sur cette considération déjà signalée que le Corps législatif avait eu soin de substituer la formule « source déclarée d'*intérêt public* » à la formule « source déclarée d'*utilité publique* » ; que d'ailleurs le rapporteur de la loi, M. Lélut, avait expliqué ce changement dans la première rédaction du projet par l'intention d'exclure toute application possible de la loi de 1841. Ils ajoutent qu'en attribuant aux tribunaux le règlement des indemnités de dommages dans les cas prévus par les articles 4, 5, 6, 7 et 9, le législateur n'a fait aucune distinction entre les établissements thermaux appartenant à des particuliers et ceux appartenant à l'Etat, à un Département, à une Commune, ou à un établissement hospitalier, bien que l'Etat soit visé explicitement à l'article 11.

Voici maintenant résumés en quelques mots les arguments opposés à cette opinion par les partisans de la compétence administrative. L'article 12 de la loi de 1856 donne le droit à l'Etat d'exproprier les sources d'eaux minérales déclarées d'intérêt public, lorsque le propriétaire, quel qu'il soit, particulier ou établissement public, en compromet la conservation dans l'intérêt de la santé publique par une mauvaise exploitation. D'autre part, l'arrêté du Gouvernement républicain du 3 Floréal an VIII a chargé le Conseil de Préfecture de connaître des contestations relatives aux baux d'affermage des établissements thermaux appartenant à l'Etat, alors que les litiges concernant les contrats passés par l'Etat dans son intérêt privé sont de la compétence exclusive de l'autorité judiciaire : ils en concluent qu'en aménageant et en exploitant des sources d'eaux minérales, l'Administration agit, comme tutrice de l'intérêt général, au point de vue de la santé et de l'hygiène, et comme agent de la puissance publique ; qu'elle gère un service public et que les travaux nécessaires à cette gestion sont des travaux publics. Ces arguments ont certes une valeur considérable, mais il y a lieu de remarquer qu'ils ne peuvent guère s'appliquer qu'aux établissements de l'Etat, car les textes précédents le visent seul et non à ceux des Départements, Communes ou hospices, et cependant nous verrons qu'on n'a pas hésité à leur appliquer la même solution.

En somme, et malgré cette réserve, on ne saurait douter que ce ne soient là des travaux publics. La doctrine est en ce sens, et s'appuie sur les auteurs les plus considérables (1).

Quelle est la solution de la jurisprudence sur ce différent? Le Conseil d'Etat, statuant au contentieux, s'est très formellement prononcé pour la compétence du Conseil de Préfecture, sur le rapport de M. Aucoc, commissaire du Gouvernement, dans la séance du 8 mars 1866, rapport que nous avons déjà eu l'occasion de mentionner au début du chapitre II. Il s'agissait d'une demande en réparation de dommages résultant de la construction d'un établissement thermal de l'Etat, celui de Néris (2). Il a également admis cette même compétence la même année pour une contestation entre une commune et un entrepreneur sur le marché de construction d'un établissement communal (3) et en 1868 pour le dommage causé à une source par des travaux de captage exécutés dans l'intérêt d'un établissement appartenant à l'Etat (4).

1. Ducrocq, déjà cité, Tome I, n. 315, etc. ; *contra* Picard, déjà cité Tome I, page 106.

2. Cons. d'Etat, 8 mars 1866. Aff. Lafond Pasquier contre Etat, déjà cité (D. 1867, III, 10).

3. Id. aff. Laforgue C. Etabliss. Capvern, 22 février 1866 (Lebon 1866, p., 130.)

4. Id. aff. Dangé, 10 décembre 1868 (Lebon, 1868, p. 1071).

Le Tribunal des Conflits, appelé seulement une fois en 1882 à se prononcer sur la question, a admis la solution inverse. La ville de Bagnères avait vendu une source à un particulier ; après la vente, elle avait porté atteinte à cette source par des travaux de captage effectués au profit d'un établissement thermal qu'elle possédait à proximité et était pour ce fait actionnée en dommages-et-intérêts. Le Tribunal reconnut la compétence de l'autorité judiciaire. Il a fondé sa décision d'une part sur le défaut de déclaration d'intérêt public de la source municipale, ce qui devait faire supposer que le travail était destiné à augmenter le patrimoine privé de la Commune et non à servir l'intérêt général ; d'autre part, sur la nature de l'action qui n'était que l'exercice de la garantie de l'acheteur contre son vendeur (1).

Tel est donc l'état actuel de la Jurisprudence. Elle se résume ainsi : 1° Pour les sources de l'Etat, deux arrêtés du Conseil d'Etat reconnaissant aux travaux accomplis à leur profit le caractère de travaux publics ; 2° Pour les sources appartenant aux Communes, un arrêt du même Conseil comfirmant la compétence administrative, et une décision du Tribunal des Conflits contraire à cette juridiction.

Doit-on s'en contenter ? M. Picard, dans son *Traité des Eaux* (2), dit que la compétence du Conseil de Préfecture est des plus discutable pour les sources d'eaux minérales appartenant aux Communes, les sources fussent-elles

1. Trib. Conflits. Aff. Cazeaux C. ville de Bagnères, 25 nov. 1882 (D. 1884, III, 50).

2. Picard, déjà cité, tome I, p. 106.

déclarées d'intérêt public, et en cela il approuve la solution du Tribunal des Conflits. Il admet plutôt la compétence administrative pour les sources dont l'Etat est propriétaire, car dans l'aménagement et l'exploitation de ces sources par l'Administration l'intérêt général de la santé publique peut être considéré comme prédominant. Malgré cette opinion, il faut convenir que la solution donnée par le Tribunal des Conflits peut inspirer quelque doute. On peut se demander s'il est juste d'attacher une importance aussi grande à la déclaration ou à la non-déclaration d'intérêt public : des sources importantes et fréquentées par de nombreux malades peuvent ne pas être déclarées d'intérêt public, si à raison de leur situation elles ne sont exposées à aucun péril de la part des propriétaires voisins. Faudra-t-il tirer de cette circonstance la conclusion que l'exploitation n'a lieu de la part de la Commune que dans l'intérêt des finances municipales? Il suffit d'indiquer une telle conséquence, pour voir à quel danger mènerait la jurisprudence du Tribunal des Conflits. Il semble qu'ici, comme pour l'Etat, les travaux sont des travaux publics, et que les dommages auxquels ils donnent lieu doivent être évalués par le Conseil de Préfecture : la dénomination de *travaux publics* appartient, en effet, non-seulement aux travaux nationaux, mais aussi aux travaux communaux ; la Cour de Cassation a fini par l'admettre après une longue résistance qui a cessé par un arrêt du 28 juin 1853. La même solution doit s'appliquer aux travaux entrepris par les établissements appartenant aux Départements et aux établissements hospitaliers (1).

1. Ducrocq, déjà cité, tome I, n. 315. Cass. 28 juin 1853 (D. 1853,

En un mot, que l'établissement appartienne à l'Etat, à un Département, à une Commune, à un hospice, peu importe, la compétence du Conseil de Préfecture s'impose ; lui seul, en vertu de l'article 4 de la loi du 28 Pluviôse de l'an VIII, est juge des difficultés auxquelles peuvent donner lieu des travaux publics.

SECTION III

Compétence relative aux contestations qui s'élèvent entre l'Etat, les Départements, les Communes ou les particuliers sur la propriété des sources minérales.

Bien qu'en principe la compétence des tribunaux civils n'ait jamais été contestée et qu'il ait toujours été reconnu qu'ils ont seuls le pouvoir de trancher les questions concernant la propriété ou la jouissance des eaux de source et des eaux thermales, cependant avant la loi de 1856, il existait une dérogation arbitraire au droit commun, et des questions qui, de leur nature étaient de la compétence des tribunaux civils, se sont vues déférées aux Conseils de Préfecture.

En effet l'arrêté des Consuls du 6 nivôse an XI, sans doute inspiré par la pensée que les difficultés entre les Communes et la République sur la propriété de certaines. sources thermales seraient plus rapidement tranchées, disposait dans son article 9 : « Seront au surplus, les « droits de propriété des Communes sur les sources mi-

I, 295). C. d'Etat, 29 nov. 1855 (D. 1856, III, 41); 21 février 1871 (D. 1873, III, 71 et 14 juillet 1876 (D. 1879, V. 419).

« nérales discutés et réglés, en cas de contestation des
« Communes avec la République, par devant les Conseils
« de Préfecture, le directeur des Domaines entendu, et
« sauf la confirmation du Gouvernement. »

Cette exception au droit commun fut confirmée par un décret du 15 janvier 1809 ainsi conçu : « La connais-
« sance des contestations qui s'élèvent entre une Com-
« mune et un particulier au sujet de la propriété d'eaux
« thermales appartiennent exclusivement aux tribunaux,
« et il n'est dérogé à cette règle que dans le cas où la
« constatation aurait lieu entre une Commune et l'E-
« tat ; alors l'autorité administrative est seule compé-
« tente (1). »

Le principe et l'exception ne peuvent être posés plus nettement.

Bien avant que la loi de 1856 fut venue abroger cette disposition quelque peu exorbitante, les jurisconsultes avaient fait entendre des protestations légitimes. Proudhon, dans son *Traité du Domaine Public* (2), dit en effet que si la Commune fait dériver son droit de propriété de ce que la source minérale prend naissance dans son terrain communal, évidemment la contestation à naître devra être portée par devant les tribunaux ordinaires, comme toute autre question de propriété foncière. Du moment qu'il est reconnu qu'une source quelconque doit appartenir au maître du fonds dont elle jaillit, et dont

1. Recueil de Duvergier. Arrêtés du 6 nivôse an XI et décret du 15 janvier 1809, à leur date. Sirey, 1817, II, 99.

2. Proudhon. *Traité du Domaine Public*, 2ᵉ édition, t. IV, nᵒ 1410-1411. V. aussi : Carou *Des actions Possessoires,* p. 328.

elle fait partie par cela seul qu'elle y est située, la conséquence nécessaire c'est qu'il n'appartient qu'à la justice
ordinaire de statuer sur le droit de propriété de cette
partie, comme de toutes les autres portions du même
fonds.

Aussi aujourd'hui est-on rentré dans le droit commun.
L'article 20 de la loi du 14 juillet 1856 dispose : « L'article
9 de l'arrêté du 6 Nivôse an IX est abrogé. » Donc toutes
les questions relatives à la propriété des sources minérales ou thermales sont du ressort du juge civil ; peu importe
qu'elles soient soulevées entre l'Etat, un Département,
une Commune ou un particulier.

C'est encore l'autorité judiciaire qui est compétente
pour les contestations qui s'élèvent entre les Communes
propriétaires d'eaux minérales et les fermiers de ces
eaux.

Toutefois, même depuis la loi de 1856, par application
des règles ordinaires sur la compétence, lorsque le
département, la commune, l'hospice ou le particulier
fonde son droit de propriété de la source, non plus sur
la naissance de celle-ci dans un terrain lui appartenant,
mais sur un acte de concession ou d'aliénation originai-
rement consenti par l'Etat, c'est encore la juridiction
administrative qui est compétente ; il y a en effet lieu ici
à interpréter un acte administratif, et il y a de plus analogie avec les ventes du domaine national ; le Conseil de
Préfecture doit être compétent (art. 4, § 7 loi du 28 Pluviôse an VIII).

SECTION IV

Compétence relative aux infractions à la loi de 1856.

L'article 12 de la loi du 14 juillet 1856 admet comme première sanction aux dispositions édictées par elle, l'expropriation ; c'est la peine des propriétaires d'établissements thermaux reconnus négligents ; nous l'avons étudiée et il est inutile d'en parler plus longuement. Mais en dehors de cette sanction, le titre II de la loi, dans les articles 13 à 17, renferme des dispositions pénales destinées à compléter les garanties nécessaires à l'exécution de la loi ; un trait peut les distinguer : elles ont un caractère de grande modération et ne consistent qu'en amendes.

Aux termes de ces articles l'exécution sans autorisation ou sans déclaration préalable dans le périmètre de protection de l'un des travaux mentionnés dans l'article 3 (sondages, fouilles, tranchées, etc.), la reprise des travaux interdits ou suspendus administrativement en vertu des articles 4, 5 et 6, sont punis d'une amende de 50 à 500 francs.

Quelle juridiction est compétente pour connaître de ces infractions et pour prononcer l'amende s'il y a lieu ? Les procès-verbaux constatant ces infractions sont déférés aux tribunaux correctionnels. Eux seuls, en effet, peuvent ordonner des mesures de répression contre les délinquants, qui, malgré les avertissements administratifs, persistent à violer la loi ; l'Administration excèderait ses pouvoirs en prenant de telles mesures. Là se borne le droit des tribunaux dont il s'agit.

Toutefois, avant de statuer, ces tribunaux doivent s'assurer que les faits sur lesquels est fondée la poursuite sont bien de ceux qui ont été interdits par la loi ; par exemple, ils peuvent avoir à vérifier que les travaux exécutés sans autorisation dans le périmètre de protection sont des travaux souterrains pour lesquels une permission préalable est nécessaire, aux termes de l'article 3, § 1, et non des fouilles à ciel ouvert, pour lesquelles une simple déclaration est suffisante. Mais il a été maintes fois jugé qu'ils dépasseraient les limites de leur compétence, en examinant et appréciant le danger des travaux indûment exécutés, ainsi en relaxant l'inculpé sous prétexte que les fouilles faites par lui sont inoffensives pour la source. Autrement dit, l'infraction est légalement caractérisée par le fait seul que les travaux entrepris dans le périmètre ont été exécutés sans autorisation ; il n'appartient pas au tribunal correctionnel de constater leur innocuité relativement à la source déclarée d'intérêt public. Le Conseil d'Etat et la Cour de Cassation l'ont ainsi décidé dans divers arrêts dont les deux principaux sont en date du 14 janvier 1876 et du 12 mars 1880 (1). Au surplus le texte très précis des articles 3 et 13 ne peut laisser place à aucun doute sur la nature de l'infraction. Cette infraction est constituée en droit quand les travaux sont exécutés sans autorisation préalable ; le législateur

---

1. Conseil d'Etat., aff. Millet, 14 janvier 1876 (D. 1876, III, 67) ; Cass. aff. Dubois, 12 mars 1880 (D. 1880, I, 282).

a voulu par là prévenir le préjudice éventuel et non pas seulement punir le préjudice éprouvé.

A côté des infractions aux prescriptions de la loi de 1856 se placent les infractions aux règlements d'administration publique rendus en conformité de l'article 19 de la même loi pour l'application de celle-ci. Aux termes de l'article 14 de la loi de 1856, elles sont punies de l'amende minime de 16 à 100 francs.

Notons enfin que, selon l'article 17 de notre loi, l'article 463 du Code pénal, modifié dans son ensemble par une loi du 13 mai 1863 et dans sa partie finale par un décret du 27 novembre 1870, est applicable aux condamnations prononcées en vertu de la loi de 1856 : il permet donc d'atténuer encore la peine, en autorisant les tribunaux correctionnels de réduire l'amende *même au-dessous de 16 francs.*

Un dernier mot sur la question. Les infractions à la loi de 1856 et aux règlements rendus en exécution de cette loi, sont constatées tant par les officiers de police judiciaire que par les ingénieurs des mines et les agents sous leurs ordres ayant le droit de verbaliser (art. 15). Les procès-verbaux sont visés pour timbre et enregistrés en *debet* (art. 16). Ceux dressés par les gardes mines ou des agents de surveillance assermentés doivent, à peine de nullité, être affirmés dans les trois jours devant le juge de paix ou le maire, soit du lieu du délit, soit de la résidence de l'agent. Ils font foi jusqu'à preuve contraire (art. 16 *in fine*).

CHAPITRE V

CRITIQUES ET RÉFORMES.

« Chose remarquable, » dit M. Nadault de Buffon, « la loi de 1856, dont le principe fut si longtemps rejeté

« par les Chambres et contre lequel s'élevèrent en théo-
« rie des objections si nombreuses et si graves, n'a donné
« lieu dans la pratique depuis quatorze ans qu'elle est en
« vigueur à aucune résistance, à aucune plainte, à aucun
« abus. Elle s'applique avec l'assentiment général, et, tan-
« dis qu'un esprit novateur se plaît à critiquer certaines
« lois analogues à celle-ci, et à en demander la réforma-
« tion, la loi du 14 juillet 1856, malgré de graves
« atteintes au droit commun, n'a pas encore rencontré un
« seul contradicteur (1) ».

Ainsi s'exprimait en 1870 un des auteurs les plus com-
pétents en notre matière. Il est difficile de mieux critiquer et défendre à la fois la législation des eaux thermales.

A peu de temps de là, un projet de loi sur l'inspectorat
médical fut soumis à l'Assemblée Nationale dans sa
session de 1871, mais il n'eut pas de suite. L'année suivante un nouveau projet beaucoup plus général cette fois,
mais qui ne fut pas plus heureux, fut porté à la tribune
de la même Assemblée par un de ses membres les plus
autorisés, M. Parent, et repris ensuite par lui à la Chambre des Députés en 1876 (2). Enfin la réforme de la loi
de 1856 fut remise à l'ordre du jour une dernière fois en
1882 par la Chambre des Députés dans la séance du 26
juin, et fut l'objet d'un rapport au Sénat en décembre de
la même année par M. Parent alors entré dans la Haute-
Chambre ; nous verrons que cette fois la proposition

1. Nadault de Buffon, déjà cité, page 451.
2. *J. Offic.* 29 juin 1872 et 11 juillet 1876.

aboutit, mais seulement dans une de ses parties secondaires. Depuis cette époque, aucune autre proposition n'a
été faite sur le régime des eaux minérales, et il est à
noter que le projet du Code Rural dans son titre sur le
Régime des Eaux ne s'en occupe pas; ni en 1880 au
Sénat, ni en 1890 à la Chambre des Députés, la question
des eaux thermales n'a été soulevée lors de la discussion
de ce titre.

Malgré ces diverses propositions, la législation des
sources minéro-thermales parait bien assise. Il nous
semble que les origines de la loi de 1856 et les longs
débats auxquels elle a donné lieu en montrent suffisamment l'opportunité et la sagesse ; qu'à cette époque tous
les défauts et les avantages de la question ont été mûre-
ment pesés, et, que si la loi doit de nos jours être modifiée dans quelques-uns de ses détails, elle n'en doit pas
moins subsister dans ses principes généraux.

Nous devons toutefois passer rapidement en revue les
diverses critiques qui ont été dirigées contre le régime
légal des eaux minérales actuellement en vigueur et examiner le mérite des réformes qui ont été proposées.

Si la révision de la loi de 1856 venait à être tentée, il
nous semble que quatre points principaux devraient attirer l'attention du législateur, et devraient servir de base
à ses réformes. Ce serait d'abord la question des droits
des propriétaires de sources ; puis celle de l'intérêt des
localités où émergent des eaux thermales ; celle encore

1. *J. Offic.* 27 juin et 12 décembre 1882.

de l'intérêt des malades ; celle enfin de l'inspectorat des eaux.

I. — La question principale, au point de vue où nous nous sommes placés au cours de cette étude, est celle des droits des propriétaires de sources. En examinant l'économie générale de la loi de 1856, on reconnaît qu'elle offre d'une part des avantages considérables aux propriétaires des sources déclarées d'intérêt public, notamment par la fixation d'un périmètre de protection, l'interdiction aux voisins de tout sondage préjudiciable, le droit de conduire à travers les terrains limitrophes et d'y opérer sans indemnité les fouilles nécessaires ; mais que d'autre part, elle impose en échange à ces mêmes propriétaires une double contrainte ; celle d'abord édictée par l'article 8, qui consiste à ne pouvoir faire sur leur propre terrain des recherches ou des travaux sans les annoncer par une déclaration préalable ; celle ensuite énoncée par l'article 9, qui les oblige à acquérir les terrains situés dans le périmètre, lorsque par suite de leur occupation, leur valeur se trouve diminuée du revenu de plus d'une année. En 1872, M. Parent, membre de la Commission de réforme, s'éleva contre cette double atteinte aux droits des propriétaires de source ; pour lui, la loi de 1856 n'avait pas été assez loin et elle aurait dû supprimer toute entrave à l'exercice des droits des propriétaires ; il demanda donc la suppression des articles 8 et 9. Cette opinion souleva des critiques au sein de la Commission. On fit remarquer, à juste titre, qu'il était intempestif de provoquer des modifications qui pourraient froisser des intérêts considérables et réveiller des susceptibilités prêtes à la défense ; on trouva que la législation de 1856 avait suffisamment protégé les droits des propriétaires de source, et que d'ailleurs elle n'avait pas encore reçu au bout de quinze ans la consécration bien complète de l'expérience ; que dans ces conditions, il y avait inopportunité et témérité même à déplacer une seule pierre d'un édifice à peine construit, en y jetant inévitablement le désordre et la ruine. La proposition de M. Parent fut donc rejetée par la Commission ; cependant la majorité de celle-ci s'éleva contre un autre point de la loi de 1856, qui méritait une critique plus sérieuse contre les servitudes imposées au propriétaire avoisinant les sources, surtout contre celle qui oblige le voisin à laisser fouiller son sol sans indemnité. C'était toucher du doigt le point vulnérable de la loi, et en cela la Commission était peut-être dans le vrai. Nous avons montré, en traitant la question d'indemnité, qu'il était difficile au législateur de donner une autre solution ; mais il faut avouer que le refus d'indemnité est la négation des principes inviolables et sacrés de la propriété et qu'il est contraire aux règles édictées par la loi du 3 mai 1841 complétée par celle du 27 juillet 1870 sur l'Expropriation : en vain on allègue la plus-value venant du voisinage ; cet avantage devient illusoire, soit que les servitudes dont les terrains voisins sont grevés en paralysent la réalisation, soit que les terrains aient été achetés à une époque où on a pu escompter déjà la plus-value qu'elles devaient acquérir.

La critique faite sur ce point à la loi de 1856 est donc juste au fond ; mais de là fallait-il en conclure qu'elle devait être modifiée dans son ensemble, comme on le proposa à cette époque? Certes la loi, nous avons essayé de le montrer, a apporté de graves restrictions au droit de propriété dans l'intérêt supérieur de la santé publique ; mais, pour atteindre son but, pouvait-elle agir autrement ? La violation d'un droit ne va jamais sans la création d'un bénéfice au profi[t] le l'autre partie, et tout ce qu'on aurait pu souhaiter, c'est que ce droit violé eût été réparé par une indemnité. On a vu toutefois combien la fixation de cette indemnité offrait en pratique de difficulté.

A part ce point délicat, la loi de 1856 est, selon nous, à l'abri de tout reproche. Ce n'était pourtant pas là, la pensée de la Commission de réforme, car son rapporteur concluait en 1872 en ces termes : « L'extrême variété et « la supériorité médicale des richesses hydrologiques « indigènes font toucher du doigt l'intérêt vital de ces « questions. Il faudrait adapter au plus tôt notre législa- « tion à des besoins nouveaux créés par le temps et les « circonstances. Il faudrait asseoir les dispositions légis- « latives destinées à régir la fortune hydrominérale de « la France sur des bases plus larges et plus libérales... « Telle est l'œuvre qu'une Commission spéciale pourra « utilement accomplir. » C'est avec cette confiance que la Commission d'initiative parlementaire invita l'Assem- blée Nationale à prendre en considération la proposition de M. Parent (1).

La question en resta là jusqu'en 1876. Reprise à cette époque sans plus de succès par M. Parent à la Chambre

______

1. *Dictionnaire encyclopédique des sciences médicales de Decham- bre : Art. Législation des eaux minérales* (Rotureau) (Paris, 1885).

des Députés, elle n'aboutit en 1883 que dans une de ses parties spéciales relative à la police des eaux et à leur inspection. La loi des 12-13 février 1883 se borna à supprimer le traitement des médecins-inspecteurs ; mais rien n'était dit sur le droit des propriétaires de source et leurs voisins ; la Commission regretta seulement que le Gouvernement n'eut pas soumis aux Chambres un projet plus complet de réorganisation des eaux minérales.

II. — Après l'intérêt de propriétaires, le législateur devra, dans ses réformes à venir, se préoccuper de la situation des localités où émergent les eaux thermo-minérales.

Au lieu de favoriser l'exploitation de nouvelles eaux minérales, il faudrait plutôt limiter le nombre des stations où elles sont exploitées. Certes la France est un des pays d'Europe où émergent le plus d'eaux utiles à la santé publique, mais nous n'hésitons pas à dire qu'il n'est pas non plus de pays où il y ait un plus grand nombre de sources minérales similaires qui se nuisent les unes aux autres. A ce point de vue il est généralement reconnu que l'Académie de Médecine autorise un peu trop facilement l'exploitation des sources ; il est vrai que son rôle se borne quand elle est consultée à répondre que telle eau peut être autorisée parce qu'elle est, d'après ses propriétés, susceptible de guérir telle ou telle maladie, et que le ministre compétent juge en dernier ressort, prenant seul les mesures nécessaires pour garantir au propriétaire ou au concessionnaire l'exploitation tranquille de la source qu'il a découverte ; mais, quoiqu'il en soit, le ministre suit d'ordinaire aveuglément l'avis que lui transmet l'Académie de Médecine, et il en résulte la ruine des propriétaires d'établissements thermaux qui, trop naïfs ou trop confiants dans l'avenir de leurs sources, construisent à grands frais des bains somptueux, et cherchent à les entourer de tous les plaisirs de la civilisation moderne pour attirer un public plus nombreux. Il suffit de signaler une telle conséquence, pour éveiller l'attention du législateur ; au surplus, c'est peut-être là sortir du plan que nous nous sommes tracé au début de cette étude et il est inutile d'y insister davantage.

III. — Une autre question encore devra être l'objet de la sollicitude du législateur ; nous voulons parler de l'intérêt des malades, qui, semble-t-il, devrait se placer avant tout autre. Certes le législateur, en édictant les mesures propres à la conservation des eaux minérales, a été guidé avant tout par la préoccupation de la santé publique ; mais suffit-il d'assurer l'eau aux malades, ne faut-il pas encore en réglementer l'usage ? Il faut bien le dire, ce point semble être resté en dehors des prévisions du législateur. En édictant l'article 15 du Décret de 1860 qui décide que l'emploi de l'eau ne devait être « subordonné à aucune permission, ni aucune ordonnance de médecin », il a sacrifié l'intérêt des baigneurs au développement industriel et commercial des établissements. Mais ce serait également dépasser les limites de notre suje' que de rappeler toutes les gémonies auxquelles cet article a été voué. Le monde médical s'en est fortement ému, trop peut-être, car ne faut-il pas compter aussi avec la prudence et les soins dont ne manquent pas de s'entourer les personnes appelées à faire usage des eaux minérales ? Quoiqu'il en soit la loi à venir fera sans doute bien de limiter le libre usage des eaux, et, imitant en cela la loi espagnole, le subordonner à un bulletin médical auquel devra se conformer le propriétaire de l'établissement.

IV. — Il est enfin une dernière question, qui est aujourd'hui à l'ordre du jour et qui intéresse au plus haut point tout le corps médical, c'est la question du maintien ou de la suppression de l'inspectorat des Etablissements thermaux (1).

La surveillance des établissements thermaux est-elle nécessaire ? L'Etat doit-il se désintéresser de sa tutelle et promulguer la liberté absolue des sources ? On a dit que ce contrôle de l'État était injuste et contraire au droit de propriété. Certains intéressés demandent donc la liberté complète et la suppression de la déclaration d'intérêt public, et toute ingérence du gouvernement; ils se fondent sur ce que l'eau minérale est un produit du sol, qu'elle est la propriété de celui qui la recueille et la capte dans son patrimoine, et à qui il appartient de la vendre sous le seul contrôle du consommateur (2). D'autres, moins absolus dans leurs revendications, acceptent la déclation d'intérêt public, et font des démarches pour

1. Rapport fait au nom de la Commission permanente des eaux minérales à l'Académie de Médecine, par M. le D' Vidal, sur la question de l'Inspectorat médical des établissements thermaux (1887. Paris), séance du 1er mars 1887.

2. Germond de Lavigne. *La législation des eaux minérales en France* (Paris, 1872), p. 8.

obtenir le privilège de protection, mais à côté cherchent à se libérer de toutes charges et de toute surveillance : c'est ainsi que quelques concessionnaires de source tendent à se soustraire par des mesures vexatoires ou par un refus formel aux obligations du traitement graduit des indigents et des fonctionnaires peu rétribués, auxquels un certificat du ministre ou du préfet accorde la gratuité. De leur côté tous les médecins, même ceux qui réclament la suppression complète de l'inspectorat résidant, comprennent la nécessité d'une surveillance exercée au nom de l'État. Elle est aussi nécessaire qu'en 1605 lorsqu'Henri IV établit la surintendance des eaux minérales, surtout si l'on songe que la plupart des établissements de première classe sont affermés pour un certain nombre d'années à des concessionnaires ou à des compagnies fermières dont les tendances au mercantilisme pourraient être à redouter. M. Rochard, rapporteur de la *Commission de révision de la législation sur les eaux minérales* (1), disait :

« Depuis bientôt trois cents ans, l'État tient les sources
« sous son patronage et ce n'est pas le moment d'y
« renoncer. L'exemple des pays dans lesquels les eaux
« thermales sont soumises au régime de la liberté abso-
« lue n'a rien qui puisse nous tenter, et, loin de se relâ-
« cher les liens d'une surveillance indispensable, il faut
« au contraire les réserver. »

Étant admis la nécessité de la surveillance de l'État, comment doit-elle s'exercer ? Doit-on la confier à des ingé-

1. La *Commission de révision de la législation sur les eaux minérales* fut créée par un arrêté ministériel du 4 avril 1883, de M. Hérisson.

nieurs? Il semble que ceux-ci doivent se confiner dans leurs attributions techniques et seraient peu aptes à contrôler le service médical des établissements. A des commissaires de l'Etat? Mais ici encore le même inconvénient apparaît. Restent les médecins, qui paraissent remplir les conditions voulues. Mais comment organiser leur contrôle ? Le législateur aura le choix entre divers systèmes qu'il convient d'énumérer brièvement et de comparer entre eux.

1° Il y a d'abord l'*inspectorat permanent résidant*. C'est le mode qui, créé par le décret de 1860, est resté en usage jusqu'à ces derniers temps et qui subsiste encore dans quelques établissements. Nous avons vu que cette inspection locale ne rend plus les services qu'elle rendait autrefois, que le rôle de l'inspecteur est presque annihilé, si bien que dans beaucoup d'établissements il n'y a plus ni police, ni contrôle, ni protection efficace pour les indigents et les malades peu fortunés ; qu'elle n'est qu'un privilège, qui ne sert à rien ni à personne, sauf, comme le disait Tardieu, aux inspecteurs eux-mêmes ; en un mot, qu'elle est un contre-sens, puisqu'elle aboutit à une fonction qui s'inspecte et se contrôle elle-même. Ce système semble définitivement abandonné.

2° L'*inspection par un commissaire de surveillance administrativ* semble répondre à l'objection que l'on fait à la suppression de l'inspectorat résidant, à savoir qu'il faut une surveillance de chaque jour, de tous les instants. Dans ce système qui en chargerait-on ? Le commissaire de police de la localité ? non, car il faut pour exercer ces fonctions une certaine compétence que l'on ne peut exiger de cet agent. On propose un *fonctionnaire civil et administratif*, qui ne serait pas médecin, et qui, nommé par le ministre de l'Intérieur, serait placé sous les ordres du préfet. Ses fonctions seraient analogues à celles du commissaire de surveillance administrative des chemins de fer, et s'étendraient à tous les détails du service ; elles seraient rétribuées par l'Etat. Les indigents seraient traités par un médecin nommé et indemnisé par le ministre, et choisi par les médecins praticiens résidant toute l'année dans la localité. Ce système, séduisant en apparence, aurait le tort de créer un double emploi, et d'obérer considérablement le budget de l'Etat par le grand nombre des fonctionnaires civils et administratifs qui devraient se trouver préposés à chaque établissement.

3° On a aussi proposé une *inspection collective par les médecins de la localité thermale*. C'est le système qui fut appliqué par M. de Cavour en 1853 à l'établissement d'Aix en Savoie. A cette époque l'inspectorat avait été supprimé par le ministre italien et l'établissement concédé au fermier des jeux. Les médecins exerçant à Aix depuis un an furent réunis en une *commission médicale consultative* et appelés tour à tour, en suivant leur rang d'ancienneté, à prendre le titre de président pendant une année, et, à remplacer pendant le même temps, l'ancien inspecteur des eaux. Ce système, fort vanté depuis 1853, a le mérite d'être original ; mais comment l'appliquer à des stations qui comptent au moins cinquante médecins comme Vichy ou vingt-cinq comme Aix, plus de vingt comme Luchon et Cauterets ? que de mécontents et que de coteries pour arriver à faire partie de la commission !

4º Un autre mode d'inspectorat que l'on pourrait qualifier d'inspectorat *mixte*, consisterait à maintenir l'inspectorat résidant dans les établissements de la deuxième et de la troisième classe, à les supprimer pour les établissements de la première classe et à créer pour ceux-ci un *inspectorat général régional*, auquel nous arrivons.

5º L'*inspectorat général régional* serait exercé par des *médecins-inspecteurs généraux* nommés par le Président de la République sur la proposition du Ministre. Ils recevraient un traitement fixe et des frais de déplacement. Ils seraient chargés de l'inspection régionale de tous les établissements d'eaux minérales qui seraient divisés en quatre circonscriptions. Ils visiteraient leur circonscription une fois par an au moins, surveilleraient le fonctionnement de chaque station, le service médical des indigents, et s'acquitteraient des fonctions administratives dévolues aux anciens médecins-résidants, c'est-à-dire de la surveillance des eaux qui ne doivent être ni amoindries, ni détournées, ni altérées. Enfin ils dresseraient deux rapports par an, l'un médical, l'autre administratif, qui seraient insérés dans l'*Annuaire des Eaux de France.*

Ce système semble de tous le meilleur. Il créerait un service d'inspection semblable à ceux qui sont à la tête de chaque branche de notre administration; ce service recruté en dehors du personnel médical des stations balnéaires, assurerait toutes les garanties d'indépendance désirables à l'égard des établissements thermaux; il offrirait en outre la sécurité d'un contrôle efficace par la façon dont il serait recruté en admettant que chaque inspecteur général, auquel on pourrait, selon les besoins du service, ajouter des inspecteurs-adjoints, fut présenté par le Ministre à l'agrément du Président de la République, sur une liste des candidats dressée par le Comité Consultatif d'hygiène ou l'Académie de Médecine, enfin il ménagerait autant que se peut faire les deniers de l'Etat, puisque le nombre des inspecteurs serait très restreint, et que l'Etat pourrait stipuler une redevance fixe des établissements, lorsqu'il autoriserait l'exploitation. C'est d'ailleurs le système qui a été proposé en 1883, après la suppression indirecte de l'inspectorat résidant, par *la Commission de révision de la législation sur les eaux minérales* sur les conclusions de M. Rochard, son rapporteur.

Tels sont les *desiderata* principaux que, à notre avis, le législateur doit essayer de réaliser, s'il veut tenter une réforme de la législation des eaux minérales ou thermales. A ces divers points de vue la question de modification des lois et règlements actuellement en vigueur, dans quelques sens qu'on la résolve, mérite vraiment d'arrêter un instant l'attention des Pouvoirs Publics. Il importait avant tout, et c'est là ce que nous avons essayé de faire, de fixer dès aujourd'hui les éléments de la discussion et les bases fondamentales sur lesquelles elle devra porter.

POSITIONS

POSITIONS PRISES DANS LA THÈSE.

DROIT ROMAIN

I. — Le « *postliminium* » repose sur une fiction.

II. — Le *filiusfamilias* reste *alieni juris* pendant la captivité du *paterfamilias*.

III. — A l'origine le captif ne peut chez l'ennemi tester même en la forme militaire.

IV. — Le captif de retour a l'exercice de l'*actio furti*.

DROIT FRANÇAIS

I. — Les travaux relatifs aux sources minérales ont le caractère de travaux publics.

II. — La servitude *non fodiendi* ne donne droit à aucune indemnité.

III. — L'expropriation prévue par l'article 9, § 2, de la loi du 14 juillet 1856 est une expropriation *sui generis*.

IV. — La juridiction administrative est seule compétente pour connaître des difficultés résultant de travaux exécutés pour le compte d'établissements thermaux appartenant à une personne morale qui relève du droit administratif.

POSITIONS PRISES EN DEHORS DE LA THÈSE.

DROIT ROMAIN

I. — Le soldat romain pouvait se marier étant sous les drapeaux.

II. — Le consentement des parties ne suffit pas seul, dans le droit romain primitif, à la formation du mariage ; il faut en outre que la femme soit mise à la disposition du mari.

III. — L'acheteur de la chose hypothéquée n'est à l'abri de toute éviction que lorsqu'il tient ses droits du créancier *prior*.

IV. — Les actions noxales trouvent leur origine dans un sentiment de vengeance.

DROIT CIVIL

I. — Si un époux procède à la reconnaissance d'un enfant naturel qu'il a eu avant son mariage, cet enfant doit être admis, nonobstant l'article 337 du Code civil, à porter le nom de son auteur.

II. — Un testateur ne peut pas prohiber, pour un certain temps après sa mort, l'ouverture de son testament olographe.

III. — La règle *habilis ad nuptias habilis ad nuptialia pacta* ne s'applique pas aux personnes pourvues d'un conseil judiciaire.

IV. — Le privilège du vendeur d'un office ministériel
subsiste, en cas de destitution de son successeur
sur l'indemnité dûe par le nouveau titulaire.

PROCÉDURE CIVILE

I. — Les tribunaux de première instance n'ont pas la
plénitude de juridiction.

II. — Le défaut profit-joint doit être admis en matière
commerciale, comme en matière civile.

DROIT ADMINISTRATIF

I. — La personnalité civile du Département date de
1811.

DROIT COMMERCIAL

I. — L'autorisation du mari est indispensable à la femme
pour être marchande publique; elle ne peut être
suppléée par celle de la justice.

Vu : le Président de la thèse,
E. JOBBÉ-DUVAL

Vu : le Doyen,
COLMET DE SANTERRE

Vu et permis d'imprimer :
Le Vice-Recteur de l'Académie de Paris,
GRÉARD

TABLE DES MATIÈRES

DROIT FRANÇAIS

Du Régime légal des Eaux minérales ou thermales naturelles.

Paris. — Imprimerie des Écoles, H. JOUVE, 15, rue Racine.